CRÉPUSCULE
DES
BIBLIOTHÈQUES

VIRGILE STARK

CRÉPUSCULE

DES

BIBLIOTHÈQUES

2e tirage

PARIS

LES BELLES LETTRES

2015

www.lesbelleslettres.com

Retrouvez Les Belles Lettres sur Facebook et Twitter.

ISBN : 978-2-251-44529-8

Aux lecteurs d'hier, d'aujourd'hui et de demain

« Le vieux roi Ptolémée
avait accumulé
tous les livres du monde
qui étaient sa richesse,
ils prenaient de la place
sans lui apprendre rien.
Comme lui, j'en ai plein,
mais n'y lis pas grand-chose.
À quoi me servirait
de me casser la tête
et d'encombrer mon crâne ? »

Sébastien BRANT
La Nef des fous, 1494

« Il est absurde de soutenir que nous devons continuer à accepter l'écrasant souci bourgeois de puissance, de succès, de pratique, et surtout de confort, ou que nous devons absorber passivement, sans discrimination ni sélection, tous les nouveaux produits de la machine. »

Lewis MUMFORD
Technique et Civilisation, 1934

PROLOGUE

Absalon du livre

Paris, porte de Versailles. Salon du livre. Je m'engage par l'entrée des professionnels. Une hôtesse d'accueil passe son *lecteur de code à barres* sur mon bordereau d'invitation, puis je commence à déambuler dans cette énorme halle où dominent les effluves familiers du livre.

Je flâne au hasard parmi les longues allées de librairies sans murs, guidé par mon seul regard et par mon seul instinct. C'est ainsi que, pour la plupart, nous aimons nous rapprocher des livres ; c'est ainsi que nous partons en quête de celui qui saura nous séduire et nous emporter avec lui dans son altérité radicale. J'erre délicieusement, sans logique et sans but ; je me laisse dériver, sans crainte de m'égarer – car on ne trouve ici que des boussoles.

Les heures passent. D'un éditeur à l'autre, je picore les mots et je glane les impressions. Je reçois des promesses de bonheur. L'espace et le temps se résorbent dans ma lecture.

Mais bientôt, j'arrive dans un quartier où l'espace se dilate peu à peu. Les livres se raréfient, puis disparaissent totalement. Je me trouve sur le marché des produits électroniques – une sorte de gouffre où s'achève la vie sensible du lecteur, et où commence le démembrement du réel.

Un panneau indique une salle à proximité : « Scène numérique ». Je m'avance et je lis rapidement les titres des conférences qui y sont programmées : « Enrichir le livre numérique, interactivité et multimédia », « Liseuses : quelles innovations ? », « La diffusion et la distribution des bandes dessinées numériques », etc. Pas moins de quatorze conférences consacrées au « numérique » se tiendront ici en deux jours.

J'ai d'ailleurs moi-même rendez-vous un peu plus loin, dans un petit auditoire où se déroulent les « Assises de la numérisation », une sorte de colloque réservé aux hommes de l'art. Un bibliothécaire qui se rend au Salon du livre aujourd'hui – mais c'est vrai depuis assez longtemps – ne peut et ne doit donc avoir pour centre d'intérêt principal que la technique, ses exploits, ses vicissitudes, ses progrès. Il vient pour s'asseoir sur une chaise de 10 heures à 18 heures et n'entendre parler que d'une chose : le numérique. Le numérique dans tous ses états. Le numérique sous toutes ses coutures. En quoi il transforme et bouleverse l'univers du livre, les métiers, la connaissance, le cerveau. Quels sont ses « perspectives », ses défis, ses « enjeux ». Ses résultats, aussi. Ses chiffres. Ses victoires, qui vont dans le bon sens. Ses défaites, qui ne sont que partie remise.

La dernière conférence s'intitule : « Le livre au péril du numérique ». (Il semble que personne n'ait relevé le contresens de ce libellé, qui signifie très exactement : le numérique est mis en danger par le livre, et non l'inverse. Comment ne pas voir dans cette faute de langue un lapsus absolument révélateur ?) Face au public se tiennent un éditeur, un professeur d'université et un libraire. Chacun fait une courte intervention, prenant grand soin, indépendamment du contenu de son discours, de préciser qu'il est tout, mais alors tout, sauf « hostile au numérique », et tout sauf pessimiste. Étranges pétitions de principe, qui semblent davantage relever de l'automatisme intellectuel que d'une réelle position critique. Déclarations fébriles desquelles sourd la peur de déplaire et de paraître *vieux jeu* – la même peur qui fouaille tant de mes collègues. Postulats qui choquent par leur caractère d'évidence, alors que dans ce domaine, rien n'est prouvé, rien n'a été pensé sérieusement.

Le professeur ne croit pas que le livre soit menacé, même si elle concède que la chaîne du livre pourrait l'être. Elle observe que le chiffre d'affaires des livres numériques « ne décolle pas », et que le marché du livre « résiste ». Le constat est teinté d'un certain dépit, mais je la sens confiante. Mon regard se pose sur une auditrice au premier rang : sage et presque sévère, les lèvres pincées, elle prend des notes sur une tablette électronique. Les serviteurs de l'idole technicienne sont venus nombreux ; ils reçoivent les instructions. Je l'imagine très bien responsable d'un beau et grand projet de numérisation, quelque part dans une bibliothèque *innovante*.

Vient le tour de l'éditeur, qui l'annonce tout net : « Je ne veux pas manquer le train de la dématérialisation ». Il n'a pas hésité, nous raconte-t-il, à distribuer des liseuses à tout son personnel, « pour tester ». S'il faut changer d'« habitus professionnel », il le fera, sans crainte et sans scrupule. Le livre, nous assure-t-il avec une conviction troublante, « ne perdra pas son âme en perdant sa matière ». Conjecture personnelle qui nous est assénée, là encore, sans la moindre précaution philosophique. J'ai une envie soudaine de me lever et de le haranguer : « Mais qu'en savez-vous, monsieur ? Qu'en savez-vous ? Ne pensez-vous pas qu'il serait temps de passer tout cela au crible de la raison ? » Nous sommes gavés de réponses à des questions qui ne sont jamais posées.

Le libraire, tout sympathique qu'il soit, ne déroge pas à ce qui semble être devenu, dans notre élégant cénacle, un postulat et un serment. Avant toutes choses, il tient à préciser qu'il n'a pas « d'attitude réactionnaire » vis-à-vis du livre numérique, qu'il ne veut pas être « la dernière roue du carrosse » et, – comble d'obséquiosité – qu'à l'égard du livre de papier, il ne souhaite aucunement tenir des propos de « vieux sensualiste » (tout individu prenant encore du plaisir à caresser les pages d'un livre étant désormais suspect d'être une sorte de cochon papivore aimant à se rouler dans la fange des sensations).

Ces remarques liminaires ne sont pas anodines ; elles disent tout, elles donnent toute la mesure du lavage de cerveau qui est en cours. Je désespère, seul dans mes turpides ombrages, quand, au moment des questions, un vieil homme rappelle qu'il a connu une époque où les ouvriers avaient une maîtrise de la langue parfois supérieure à celle des universitaires d'aujourd'hui, et que le problème était – peut-être, aussi – un « problème de culture », la facilité octroyée par la technique n'étant pas – peut-être pas – le seul critère qui doive nous intéresser. Lettre morte d'un jeune ancien, soumise avec trop de délicatesse à cet auditoire de sourds et de fanatiques.

Je sors et me dirige vers les livres numériques, pour les voir de plus près, pour les « tester » moi aussi. J'entre dans un stand où des liseuses sont exposées, et je me livre à quelques manipulations. Bien sûr je connais déjà ces appareils, je n'ai pas pu les ignorer ; mais je veux m'enquérir de leurs derniers développements, je veux confronter leurs prétentions à mes réticences. Les écrans allumés diffusent en permanence des messages à l'intention du chaland : « Léger comme une plume », « Partagez votre *reading life* », « Mieux qu'un livre de papier ». Moi qui pensais qu'il n'y avait aucune concurrence entre livre numérique et livre de papier… Ne nous rebat-on pas les oreilles avec leur cohabitation pacifique ?

J'interpelle une des trois hôtesses qui rôdent ingé-
nument, afin de l'interroger sur quelques fonctions
simples de la liseuse. Comme ses consœurs, elle ne
possède que des rudiments de français : c'est amplement suffisant pour le consommateur mondialisé
à qui sont destinées ces froides marchandises. Elle
me dit qu'une liseuse peut contenir « un million
de livres », puis se corrige en riant d'elle-même :
« Je voulais dire : mille ». J'avais compris, mais de
toute façon, qu'importe ? Un million, cela viendra.
Demain. Le problème sera exactement le même. Je lui
demande si elle a déjà lu un livre sur une liseuse, elle
me dit que oui, mais un petit livre, « de cent pages ».
Ses quelques démonstrations ne m'enthousiasment
pas. L'objet ne m'attire pas, ne m'appelle pas. Tous
les projecteurs de la modernité, de la jeunesse et de
l'avenir sont braqués sur lui, et je ne le *vois* toujours
pas, tandis que, tout à l'heure, un petit recueil de
poèmes indifféremment couché sur un étalage a brillé
pour moi comme un astre parallélogramme – et je
l'ai *vu*, j'ai vu sa lumière.

Le support numérique est « obsédé par le livre[1] »,
dit-on. Il s'évertue à le remplacer, à le surclasser,
tout en l'imitant du mieux qu'il peut, parce qu'il
n'a fondamentalement *rien d'original* à proposer. Il
veut s'accoupler à lui et pomper sa substance, ses
qualités, son génie, pour renaître en hybride parfait.

---

1. Jacques Donguy utilise cette expression dans son texte en
ligne Poésie et ordinateur, www.costis.org/x/donguy/poesies2.htm.

Il veut recréer les sensations, les gestes, les aspects pratiques de son modèle ancestral, afin de mieux l'éradiquer ; mais il est évident, pour un ancien lecteur, que ses efforts restent vains. L'écran voile le texte. L'épaisseur manque. La forme manque. Il n'y a rien à toucher, à flatter, à plier, à soumettre, à serrer, à soupeser, à effeuiller, à sentir et à malmener. Il n'y a rien à imaginer. Le *lyber* est désespérément plat, inodore[2], insipide et compact. Il est mille fois moins ingénieux que le *codex*. Il lui faut deux fois plus de temps pour trouver une page précise. Il est incapable de me montrer vingt pages en quelques secondes. Il ne m'autorise pas d'aller et venir au sein de son texte, sans fil directeur, par simple désir de butinage. Il empêche toute la rêverie autour du livre dont Borges disait qu'elle faisait partie intégrante de la lecture.

Deviendrait-il un pseudo-livre accompli, avec des pseudo-pages souples et couvertes d'une encre électronique renouvelable – comme on l'annonce –, il ne serait encore qu'un ersatz du livre, honteux d'être revenu à son point de départ, et dont la seule vertu serait qu'il endiguerait la mort des arbres (mais au prix de la mort de combien d'hommes, asphyxiés par la pollution de ses déchets indestructibles ?). Il lui manquerait encore la diversité du format, la fragilité, les parfums et, tout simplement, l'identité singulière. Il courra toujours après le livre, sans le rattraper jamais –

---

2. À cette privation olfactive, des marchands futés ont répondu par la commercialisation de bougies spéciales dégageant un parfum de vieux livres.

et s'il devait malgré tout le rattraper à force de le copier (sans parvenir à le transcender), il aurait simplement réussi l'exploit de l'affubler d'un jumeau mécanique absolument superfétatoire. Admirable prouesse.

Je quitte les lieux l'esprit préoccupé et imprégné d'une sombre certitude : si le Marché veut imposer à tous l'usage des liseuses électroniques, il ne peut le faire qu'en éliminant son principal opposant : le lecteur d'hier. Le lecteur qui s'affrontait humblement aux œuvres de Platon, de Montaigne ou de Proust, qui s'opposait à lui-même dans une lecture exigeante, laborieuse et attentive. Ce type de lecture est impraticable sur un *écran HD électrophorétique tactile 6 pouces*, parce que ce genre d'ustensile introduit, entre l'esprit et le texte, une dimension ludique, artificielle et nomade. Personne ne lira jamais les *Dialogues*, les *Essais* ou la *Recherche* sur un tel support – ou bien, il les lira sans aucun profit, dans le raffut d'une aérogare ou dans le tapage de sa propre futilité. L'éradication du livre de papier mène ainsi à l'effacement des grands textes, par l'oubli et par l'irrévérence. Dans les bibliothèques, dans les librairies, dans les maisons d'éditions, dans les écoles et dans les ministères, on organise le plus grand autodafé symbolique de l'histoire sous couvert de progressisme et d'adaptation nécessaire. Les feux électroniques s'allument dans l'indifférence générale. Fascinés par le brasier, nous ne voyons pas qu'il consume déjà les édifices millénaires de notre civilisation – nous ne voyons pas s'avancer sur nous la nuit noire de l'esprit.

1

Qu'importe le flacon ?

J'ai une question à te poser, Cher Lecteur : pourquoi lis-tu mon livre ? Pourquoi l'as-tu acheté, emprunté ou volé ? Et si tu l'as trouvé quelque part, posé sur une étagère, oublié sur le siège d'un autobus, pourquoi l'as-tu ouvert, par quel miracle, et pourquoi es-tu arrivé jusqu'à cette page, cette ligne, ce mot ? Je vais te le dire : parce que les distances sont longues, et parce que le temps est court. Parce que nous vivons trop loin l'un de l'autre, et parce que, peut-être déjà, nous ne sommes plus contemporains. Parce que d'aventure je suis mort, et toi vivant. Parce que, sans ce livre, nous ne nous serions jamais rencontrés nulle part. Nous ne nous serions jamais adressé la parole. Ce livre est notre lieu et notre heure, à toi et moi. Il est notre point de ralliement, notre *locus amoenus* ; il est ce recoin ombragé, paisible et silencieux, où tous les deux nous pouvons nous entretenir à l'abri du monde. Est-ce moi qui ai lancé l'appel, ou est-ce

toi ? Est-ce toi qui as répondu, ou est-ce moi ? Nous
ne le saurons jamais, qu'importe : nous voilà réunis
par la même nécessité de communier avec une âme
étrangère et de nous remplir d'elle à hauteur de
notre connivence.

Chacun de ces mystérieux artefacts que l'on
nomme « livre », qu'il soit ordinaire ou précieux,
déguenillé ou rutilant, recèle une partie infime de la
mémoire de tous les livres et de tous les secrets de
leur engendrement ; il perpétue un art, une vision
du monde et un rêve. Je lis, dans le métro, sur une
plage ou dans mon salon, je lis n'importe quel livre,
même le plus insignifiant des *bouquins*, je lis en silence
ou à voix haute, pour un ami, pour un public : ce
faisant, je sacrifie à l'un des rituels les plus anciens
et les plus familiers, à peine moins ancien que le
baiser ou la prière. Je prends avec moi l'héritage
des millénaires et des civilisations. Je suis traversé
du même feu qui a fait l'écriture et tous les livres –
jusqu'à celui-là, que je tiens entre mes mains. Ai-je
seulement conscience de la raison profonde pour
laquelle j'ai voulu parcourir ses feuillets, alors que
rien ne m'y contraignait vraiment (sinon ma nécessité
intérieure) ?

Mais d'abord, qu'est-ce qu'un livre ? À cette
question, on pourrait certes apporter mille et
une réponses ; mais s'il fallait définir une essence
originelle du livre, s'il fallait exprimer en une seule
image sa fonction la plus typique, nous serions tentés

d'utiliser celle du flambeau. Flambeau du Désir.
Flamme irréductible, car il porte avec lui la soif
d'éternité, la quête de savoir, le besoin de transmettre
et l'espoir d'éduquer ou d'émanciper. Qu'on suive
pas à pas son évolution : du proto-livre de pierre
qui se dessinait dans les cavernes ténébreuses, il y a
plus de vingt mille ans, et qui fixait déjà le contenu
d'une expérience mémorable, jusqu'à notre livre de
poche en impression offset, il prolifère toujours là
où l'homme veut croître et laisser une trace de son
passage. Sous quelque forme qu'il apparaisse d'abord
en tant qu'objet à lire : bambou, os, écailles, bronze,
soie, papyrus, argile, bois (plus spécifiquement le bois
qui se trouve à l'intérieur de l'écorce – *liber* en latin –
et qui donna son nom à notre *livre*), marbre, peau
de chèvre, de porc, de mouton, de veau ou d'agneau
(les *parchemins*), il grave à jamais les épopées, les
histoires royales, les destinées des âmes après la mort,
les secrets divins, la vie des peuples et la parole des
prophètes.

La nécessité précède le choix du support : on le
prend là où il se trouve ; au besoin, on l'invente – mais,
dans toutes les cultures séparées de leurs traditions
orales, il *faut* écrire, il faut écrire pour léguer, traduire
et invoquer. Il faut entrer dans ce royaume au-delà
du temps où l'homme d'hier et l'homme de demain
se rejoignent et peuvent se parler. De Ptolémée à
Napoléon, en passant par Luther, tous les puissants
convoitent le livre. Tous les hommes le cherchent,
aux quatre coins du monde. Les trois monothéismes
l'érigent en source première et le disséminent partout.

Les bibliothèques sont défendues comme des trésors inestimables. Lorsqu'elles brûlent, par accident ou par folie, c'est un grand malheur qui s'abat sur les siècles. On vit et on meurt pour le livre – ce passeur idoine de l'esprit et de l'âme humaine en quête de perfection, de fraternité ou de liberté, ce sédiment de toute architecture vitale.

Longtemps, même au pinacle de la marchandisation et de la reproductibilité, il a conservé son *aura* ; et cet écrin parfait de la Parole, ce récipient génial, a toujours été l'enjeu d'une croisade spirituelle, d'une foi ou d'une croyance. Aujourd'hui qu'un processus de désacralisation et d'hypertechnicisation arrive à son terme, cette aura qu'on pensait indestructible est entrée dans son éclipse. La magie s'est retirée du livre pour habiter la page-écran et la symbolique des réseaux. Le livre-objet part en poussière ; et chacun de ses lambeaux emporte une partie de notre mémoire – emporte avec lui toute la généalogie, tout le rayonnement du Vouloir humain.

Si tu es comme moi, Lecteur – et tu *es* comme moi –, tu te souviens très précisément de certains livres, parmi ceux que tu as lus. Tu t'en souviens comme si tu les avais encore entre tes doigts, dix, vingt, cinquante ans plus tard. Tu n'as pas oublié le premier roman qui t'a arraché aux heures de la vie, et dans lequel tu as bien cru trouver le passage vers un autre monde. Tu pourrais le décrire avec une troublante exactitude ; tu vois ses couleurs, tu sens ses arêtes, ses plis, le grain de son papier, tu entends le frottement de ses pages. De tous les livres qui ont marqué ton existence, tu connais la forme, le poids, l'épaisseur et le parfum. Ton cœur se serre à l'idée de ces pages jaunies couvertes d'une encre lourde et baveuse. Ton âme tremble encore au souvenir de cette reliure rouge qui grinçait comme un vieux portail. Quelques-unes de tes plus grandes joies et de tes plus profondes tristesses sont irrémédiablement associées à certains volumes de ta bibliothèque, dont tu ne te séparerais pour rien au monde. Es-tu comme moi, Lecteur ? Tu aimes tes livres tels qu'ils sont : abîmés, dépenaillés, commentés, soulignés, tachés, usés. Chacune de leurs meurtrissures te semble plus familière que tes propres rides. Tu as peut-être oublié tous les mots, mais pas un seul reflet sur la surface de tes livres.

Il est inconcevable que ces détails matériels demeurent sans raison dans la mémoire. Ils y demeurent parce qu'ils sont des éléments de « l'édifice immense du souvenir », parce que la lecture des livres est indissociable du rapport sensuel, du dialogue qui s'établit entre eux et nous, et parce qu'il n'y a pas de mémoire sans une armature sensible. Mon passé est une bibliothèque ; chaque âge de ma vie est accompagné de ces petits objets rectangulaires qui attendent une main d'homme pour délivrer la quintessence éthérée de leur âme, comme des cages à sylphides, et qui nous emportent vers les cieux de la Raison et de l'Idéal. Quand je repense à un livre qui m'a été cher, je n'ai pas seulement dans l'esprit ce qu'il contient, ce qu'il dit, ce qu'il raconte, je ressens à nouveau sa réalité physique, je perçois l'onde inaltérable de cette réalité ; et ce n'est qu'à cette condition que je peux vraiment recouvrer l'état mental et émotionnel dans lequel je me trouvais lisant. Tout revient avec le livre : les moments, les lieux – chambres, salons, trains –, les postures – sur un lit, un fauteuil, un banc –, les états d'âme et les atmosphères. Tout un chapitre de nous-mêmes est immortalisé par l'œuvre au noir de la lecture. Les bibliothèques sont des musées de toutes les sensations ; elles sont les jardins synesthésiques de l'expérience humaine.

Comment détruire le lien qui unit le corps et l'âme du livre ? se demande le représentant du commerce numérique. Comment briser cette harmonie séculaire, source de tant de résistances à la nouvelle proposition technique ? Comment convaincre ces lecteurs d'un autre âge que la liseuse électronique est infiniment « mieux qu'un livre de papier » ? S'ils sont attachés au livre de papier, c'est parce qu'ils savent que le texte, pour s'inscrire profondément dans la mémoire, a besoin d'une forme autonome et pérenne ; c'est aussi parce qu'ils savent que la lecture est une opération de la chair aussi bien que de l'esprit. Triturons adroitement ces thèmes, se dit le marchand. Matraquons les cerveaux à coups de *tweets* propédeutiques : « Ce qui compte vraiment, c'est le texte et rien que le texte », « Qu'importe le flacon, pourvu qu'on ait la sagesse ». Des millions d'imbéciles connectés reprendront en chœur ces ritournelles sur la Toile et nous mâcheront le travail. Bientôt tout le monde aura oublié ce qu'était un livre, à quoi pouvait bien lui servir d'avoir un corps, et en quoi ce corps avait atteint dans le *codex* une forme unanimement efficace.

Nous vivons à l'ère de l'approximation et de l'amalgame. Les médias nous ont désappris tout effort critique, tout art du questionnement. Nous nous accrochons à toutes les opinions creuses qui flottent à la surface de l'Infomonde comme à des bouées, changeant d'opinion selon que les vagues nous entraînent d'un côté ou d'un autre du grand marché planétaire. On nous dit : les hommes ont lu sur des tablettes d'argile, sur des rouleaux de parchemin, etc., avant de lire sur des feuillets cousus : pourquoi ne liraient-ils pas aujourd'hui sur un écran d'ordinateur ou de liseuse ? Le *texte* a toujours été l'objet central et unique de leurs préoccupations. Pourquoi s'opposer à ce qui n'est qu'une nouvelle transformation du support de lecture ? Le commercial high-tech penche alors la tête et bat des cils. Vendu. L'essayer, c'est l'adopter. Vous verrez, dans quelques mois, la seule vue d'un livre de papier vous soulèvera le cœur. Vous revendrez votre bibliothèque, comme le font déjà, paraît-il, certains agrégés de lettres à la fin de leurs études.

Le texte est tout, bien sûr. Qu'importe le flacon. Bien sûr, le *support* est indifférent. Mais alors pourquoi en changer ? Pourquoi ne pas conserver l'ancien support, dont personne ne se plaignait – au contraire ?

Le codex était plébiscité, collectionné, adoré sur toute la planète, depuis des siècles. Le marchand répond : – De même, personne ne se plaignait du manuscrit avant l'invention de l'imprimerie ; pourtant le livre imprimé a révélé *ipso facto* les limites et les désagréments du manuscrit. – En effet, mais dites-moi : quels étaient les limites et les désagréments du livre de papier ? – Il ne pouvait pas contenir et transporter aisément des milliers de livres comme peut le faire ma liseuse. – Bien, mais savez-vous que l'immense majorité des individus ne lisent au mieux qu'une poignée de livres par mois et n'ont aucun besoin réel de cette bibliothèque ambulante ? Quant aux grands lecteurs qui croulent sous le poids des volumes, je veux bien que cette machine les soulage, mais on ne saurait trop les inviter à davantage de *sélection* et d'*organisation*. Et s'ils vivent réellement dans un espace réduit, qu'ils se séparent de quelques objets superflus, ou qu'ils écoutent Montherlant et jettent tous les livres qu'ils ne reliront pas. – Que faites-vous des grands voyageurs ? – C'est pour eux que votre objet aura le plus de charme, incontestablement. J'ignorais cependant qu'on était si vite à cours de lecture aux époques où les voyages duraient des jours, des semaines et des mois. Prenez avec vous trois volumes d'œuvres complètes : ils vous tiendront six mois si vous savez lire patiemment (et qu'est-ce que lire *impatiemment*[1] ?) – Mais ceux

---

1. La plupart des liseuses offrent aujourd'hui la possibi-lité d'accélérer la vitesse de lecture grâce à des applications

qui ont toujours dix, vingt livres ouverts en même temps ? – Ou bien ce sont des chercheurs, et ils travaillent chez eux, aux côtés de leurs livres ; ou bien ce sont des papillons, et vous les poussez à papillonner davantage. Et puis, dites-moi, comment fait-on pour mettre deux ou trois livres en regard sur une liseuse ? Faudra-t-il renoncer à la lecture comparée et à la glose ? – Vous oubliez cette belle fonctionnalité de mon appareil qui permet d'afficher rapidement la signification ou la traduction d'un mot inconnu. – Pratique en voyage, encore une fois, mais superfétatoire le reste du temps, quand on a quelques dictionnaires à portée de main. – Avez-vous pensé aux malvoyants, qui peuvent agrandir le texte à volonté grâce à mon appareil ? – Un progrès, jc vous le concède, mais puisqu'elle n'en représente aucun autre, vendez donc votre machine comme une sorte de loupe, et non comme un livre.   Lorsque vous lirez sur mon appareil, vous découvrirez le bonheur de pouvoir mutualiser vos annotations et vos critiques ; vous pourrez entrer en contact avec la grande communauté des lecteurs, partager vos impressions et vos jugements. Vous lirez *en public*. – Vous annoncez la fin de mon intimité de lecteur, et vous pensez que cela m'aidera à me convertir ? – Voulez-vous vraiment être un homme de votre temps, ou rester un homme d'hier ? – Nous y voilà...

informatiques inspirées du procédé RSVP (Rapid Serial Visual representation).

La seule excuse de la liseuse, c'est qu'elle existe, en quelque sorte. Si elle n'existait pas, aucun lecteur n'oserait même l'imaginer. Aucun lecteur authentique n'inventerait ce non-livre, ou plutôt ce livre total, ce tout-en-un mirobolant dans lequel se noient tous les livres particuliers, de telle sorte qu'ils sombrent dans l'oubli et l'indifférenciation. Chaque livre était jusqu'à présent le fruit d'un mélange complexe et raffiné entre l'esprit et la matière, entre le texte et sa mise en page, entre le discours et sa gravure. C'est ainsi qu'il infusait ses vertus dans le sang des hommes. Le support *n'est pas* indifférent. Déjà, notre expérience de lecture varie pour une même œuvre, selon les caractéristiques de son édition. On n'examine pas un écrit pur et désincarné, mais on sent, on voit, on *entend* son interprétation typographique, son timbre, sa présence tangible. Si les textes avaient été tracés dans le sable, sur les feuilles des arbres ou sur des ailes d'oiseaux, ils eussent échappé à l'histoire. S'il fallait lire Shakespeare ou Goethe sur de lourdes pierres ou sur un grand mur à Stratford ou Weimar, combien pourraient les réciter aujourd'hui par cœur ? Si les livres n'étaient pas ce qu'ils sont, si, par exemple, ils étaient faits de larges pans de velours sombre fixés autour d'une rampe de fer inamovible, serions-nous devenus ceux que nous sommes ?

Le codex est indépassable et imperfectible, il est un chef-d'œuvre adéquat à sa finalité.

« Il y a une différence de nature essentielle entre lui et les produits des autres secteurs de l'industrie culturelle : pour ces derniers, le support de lecture (cassette, CD, DVD) a toujours été de nature technologique, or la technologie est asymptotique à la perfection, de là qu'elle subit une évolution perpétuelle stimulée par le désir de conquérir de nouveaux marchés et un marketing reposant sur l'attrait exercé par la nouveauté sur le consommateur, d'où la recherche de l'innovation. Le livre se soustrait à cette logique sisyphienne de l'innovation[2]. »

Par quoi prétendons-nous remplacer cet objet sans équivalent, sans rival sérieux ? À quoi le sacrifions-nous ? Au parachèvement de l'inanité, peut-être ? « [...] Le risque existe de la relégation, de l'oubli de la lecture des livres ou des autres objets imprimés. [...] La consultation des livres sous forme numérique ne doit pas se substituer à la lecture sous forme matérielle », avertit l'historien Roger Chartier[3]. C'est qu'il n'y a pas de lecture profonde sous forme immatérielle, car la page-écran est toujours en état de *transmission* et d'impermanence. Le marchand s'empresse de nous assurer qu'il n'y aura pas de sacrifice, que l'ancien et le nouveau ne sont pas *incompatibles*. Il veut nous endormir, mais nous, que ce monde a rendus insomniaques, nous voyons lentement s'approcher les lance-flammes.

---

2. Olivier Larizza, *La Querelle des livres*, Buchet-Chastel, 2012.
3. « Vers la bibliothèque du futur », propos recueillis par Sylvie Lisiecki, *Chroniques*, n° 47, janvier-février 2009.

2

Une étrange soumission

Aujourd'hui règne partout le même esprit futu-romaniaque et philonéiste qui répand sa gangrène irradiante « de l'enfer au ciel, et du ciel à la terre », et remplace peu à peu le monde par un Néo-Monde en plastique de synthèse. Aucune institution, aucun milieu, aucun homme ne peut résister à la grande épuration technique. L'Innovation pénètre où elle veut, rogne et conserve ce qu'elle veut – c'est-à-dire le plus souvent presque rien, sinon quelques résidus qui ne l'empêcheront pas d'asseoir son autorité –, puis elle jette le reste aux poubelles de l'histoire. Elle n'est pas le moins du monde effarouchée par un vieux rat de bibliothèque irascible et « fermé aux évolutions de la modernité ». Elle n'est pas intimidée par un « sanctuaire du savoir » où règne le silence intemporel des monastères. Elle s'y introduit avec sa coiffe rouge, sa bannière et ses sandales ailées, sans précaution ni déférence, et fomente aussitôt des « réaménagements » criminels.

J'ai vu se répandre insidieusement le supernouveau dans les bibliothèques ; et d'autre part, je n'ai vu presque personne s'y opposer ou proroger son acquiescement. Les « autoroutes de l'information », comme on ne les appelle déjà plus, passèrent sur nous – « profonds dormants » – sans rencontrer le moindre obstacle. L'internet fit une entrée fracassante et fut aussitôt accueilli en vainqueur, pour ne pas dire en libérateur. Je dis « fracassante », mais ce n'est peut-être de ma part qu'une vue de l'esprit, une facilité de langage qui donne une fausse idée de l'événement en lui-même ; car il n'y eut en réalité aucun fracas, aucun viol, aucune velléité coercitive. Tout changea discrètement, sans heurt – rapidement et profondément, certes, en quelques années tout au plus –, mais avec la force impassible d'une évidence. Les nouvelles technologies s'immiscèrent à pas de loup dans notre univers ; elles épousèrent harmonieusement nos gestes quotidiens et nous conquirent simplement, par l'impression qu'elles donnaient de nous servir et de nous *faciliter l'existence*. Elles produisaient des merveilles, illuminaient le monde et soulevaient des montagnes ; à cela, il était impossible d'opposer quelque manifestation d'incrédulité que ce fût, sinon la prudence de bon aloi que l'on croit judicieux d'afficher parmi les hommes du livre, et dont la marque est supposée vous distinguer des « technophiles » béats. Ces coquetteries n'empêchèrent pas les « NTIC » de s'introduire par tous les pores de notre environnement de travail, pour la seule et unique raison, si l'on y réfléchit froidement, qu'elles apportaient des « possibilités nouvelles » – j'entends par là des *petites améliorations pratiques*, parfois si peu nécessaires qu'elles nous parasitaient, mais qu'il était obligatoire de considérer comme de véritables transfigurations ; car s'il ne faut pas s'enthousiasmer bêtement, il faut s'enthousiasmer quand même – savamment.

Le bibliothécaire d'aujourd'hui n'est pas le fonctionnaire docte et lambrissé que l'on se plaît encore à dépeindre dans les fictions ésotériques ; il ne montre aucune intolérance particulière à la modernité. Il n'a pas peur du changement ; et s'il sait se montrer critique à l'occasion, je le répète, ce n'est pas tant par un mouvement de résistance que par un souci de cultiver une figure intelligente et souveraine. Bien plus importante à ses yeux, bien plus déterminante, est la nécessité d'échapper à la *ringardisation*. Il n'est pas différent, en cela, de l'immense majorité de ses contemporains, dont une des plus vives préoccupations est d'apporter la preuve au Parti du Futur Souriant qu'ils ne sont pas, surtout pas réactionnaires, et résolument pas hostiles aux formes diverses du progrès. C'est tout le drame singulier de ce défenseur de la Mémoire et du Patrimoine qu'il se sent obligé, pour ne pas ressembler à sa propre caricature, d'accepter tout ce qui change avec l'« esprit constructif » et la verdeur des gens qui sont à l'aise dans leur époque. Il aspire à *relooker* son image, quitte à singer la désinhibition. Sur la Toile, il se montre aujourd'hui en bibliothécaire-zombie, en bibliothécaire-barbare, en bibliothécaire body-buildé, tatoué, nu, sexy ou déguisé. Rien de ce qui est actuel et *fun* ne lui est étranger. Ainsi s'empare-t-il très avidement et très spontanément de toutes les trouvailles modernes.

À mon grand étonnement, les plus âgés et les plus récalcitrants de mes collègues se comptèrent souvent parmi les représentants les plus efficaces et les plus zélés du Renouveau. Des vieilles filles de Versailles rive gauche ou Saint-Cloud, en chignon, longues jupes grises et chaussures à boucles, devinrent « coordinatrices (ou correspondantes) informatique » ; des pseudo-institutrices au port altier qui méprisaient la télévision se passionnèrent pour la « numérisation des collections » ; des pasionaria d'un autre siècle qui pouvaient citer Musset en réunion de service se mirent à explorer avec ferveur les arcanes des « Systèmes de gestion intégré des bibliothèques » ; des scribes à lunettes et calvitie avancée se spécialisèrent dans les « bases de données bibliographiques » ; des dandys raffinés convoitèrent des postes de « webmaster de l'intranet » ou de « gestionnaires des ressources électroniques » ; des demi-poètes mal rasés, Boris Vian sous le bras, se vouèrent de manière inexplicable à la « formation HTML » ou à « l'initiation au web sémantique ». Tout ce monde trop longtemps suspecté de n'être pas dans la course déploya de louables efforts pour combler son retard. Que faire d'autre ? Pouvait-il *rester sur la touche* ? Pouvait-il seulement freiner l'évolution technique, la tempérer, lui imposer un moratoire ? Certes non, mais il est étonnant de

voir avec quel empressement il a mordu à l'hameçon
de la Puissance, avec quelle jubilation il a endossé les
costumes ravissants de la Grande Ingénierie – sans se
douter un seul instant qu'il était en train d'arracher
les racines de son ministère.

J'entendis alors des propos qui n'eussent pas été
tenus quelque dix années auparavant : le « *book* »
– ainsi fut-il ironiquement dénommé par quelques
managers anglomanes –, le *book*, le vieux parchemin
ridé, subit une véritable campagne de dénigrement.
Il devint urgent de lui ôter son caractère supérieur,
permanent et sacré – action qui, de tout temps, a
constitué le préliminaire au remplacement d'un
règne par un autre. Le *book*, en comparaison de
son rival immatériel, présentait maintes fragilités
– dont la principale, justement, était sa matérialité
même, sa spatialité encombrante, sa réalité tristement
périssable. Partout, les magasins croulaient sous le
poids de ces masses importunes. Partout se ressentait
le besoin de « faire de la place », de désengorger des
rayonnages bourrés à craquer. Les revues de papier,
tout particulièrement, étaient présentées comme une
espèce de vermine dont il était plus que temps de
freiner la prolifération malfaisante. Les mêmes qui
avaient cédé au délire du microfilmage systématique
s'apprêtaient déjà à jeter des collections entières dans
le feu de la nouvelle technique suppléante.[1] D'une

---

1. L'écrivain Nicholson Baker a raconté comment cette
fièvre a gagné les grandes bibliothèques américaines dans son

manière générale, il fallait « renoncer à l'hégémonie du papier », ne pas se « recroqueviller sur l'imprimé », ni « se replier dans la nostalgie du codex ». Toute défense du « support papier » était d'ailleurs, en fin de compte, assimilée à la nostalgie, à la méfiance irrationnelle ou à quelque romantisme falot. Les rhétoriciens de cette révolution, du directeur d'établissement au délégué ministériel, diffusèrent amplement l'évangile selon Steve Jobs au cœur des bibliothèques. Ils le firent à travers des conférences, des journées d'étude, des articles dans la presse professionnelle, et plus généralement, par un effort unanime pour imposer la modernité sur le terrain. Il importait que nous vécussions le changement non seulement comme une bénédiction, mais comme une fatalité et comme une Voie nécessaire et sans alternative raisonnable. Nos cerveaux s'accoutumèrent à l'instabilité permanente des « nouvelles versions », qui sont l'artillerie du dogme informatique, et le modèle même du *logos* contemporain.

ouvrage *Double Fold : Libraries and the Assault on Paper* (2001). Après avoir mené son enquête auprès des élites chargées de mettre en œuvre la politique de microfilmage des périodiques, il s'est rendu compte que des collections entières avaient disparu, détruites ou revendues une fois la reproduction effectuée. Il a constaté que ces destructions étaient toujours accompagnées d'une même propagande alarmiste visant à exagérer la fragilité du papier et les problèmes de stockage. Il a créé son propre fonds de périodiques anciens sauvés du marasme, qu'il conserve dans un entrepôt construit près de sa maison. « Laissez les livres en paix », demande-t-il aux tristes apôtres de la dématérialisation frénétique.

Parallèlement, les *communicants* du Mouvement Qui Avance prirent soin *d'accompagner la réforme* ; ils nous assurèrent, joyeux, que nous n'avions pas à craindre la « fin du papier », que les bibliothèques n'étaient nullement menacées et que tout se déroulerait dans le meilleur esprit de cohabitation heureuse entre le matériel et l'immatériel, entre l'ancien et le nouveau, entre le « *book* » et l'« e-book ». Et nous y avons cru. Nous avons cru à ces conjectures sirupeuses, dont l'unique dessein était de passer le relais en douceur. Nous avons cru que l'« amour du livre » appartenait à la catégorie des choses humaines qui n'ont pas d'adversaire, pas de fin non plus, et que le livre lui-même, en tant que support immémorial de l'Esprit, ne serait jamais destitué – tout au moins de notre vivant. Nous nous sommes trompés. Cette ferveur bibliophile n'était déjà plus qu'un oripeau folklorique de l'Ancien Monde ; mais les fonctionnaires numérocrates jugeaient bon de le conserver stratégiquement, pendant quelques années, afin de rendre l'évolution moins brutale – et plus définitive.

3

Les chiffres et les lettres[1]

Je mentirais si je prétendais avoir assisté, durant
ces années réformatrices, à un affaiblissement
spectaculaire du livre et des bibliothèques. Je ne vis
pas les salles de lecture se désaffecter aussitôt, et je
n'entendis pas mes confrères déplorer semblable
phénomène. Selon les statistiques officielles, la
fréquentation des bibliothèques publiques, ainsi que le
prêt des imprimés, étaient en constante augmentation

1. Les chiffres cités dans ce chapitre sont issus de plusieurs
études, rapports et articles, notamment : Olivier Donnat, « Les
pratiques culturelles des Français à l'ère numérique : éléments
de synthèse 1997-2008 », Cultures étude, 2009 ; « Données
d'activités 2011 des bibliothèques municipales : synthèse
nationale », ministère de la Culture et de la Communication, 2013 ;
« Comparaison internationale de bibliothèques universitaires :
étude de cas », ministère de l'Enseignement supérieur et de la
Recherche, 2010 ; Ronan Vourc'h, « Les étudiants, le livre et les
bibliothèques universitaires », *BBF*, v. 55, n° 5, 2010.

depuis les années 1990. Ces « résultats » auraient pu justifier un certain optimisme (et quelques ronds-de-cuir de la Direction du livre et de la lecture s'en firent un ragoût d'autosatisfaction) s'ils avaient été l'expression réelle d'un désir réaffirmé pour la culture classique, ou d'une élévation réelle du savoir et d'un regain d'intérêt pour le livre. Or, ils s'expliquent aisément par le fait que les bibliothèques ont, durant cette période, mené à bien une opération de racolage qu'elles avaient entamée dans les années 1980, alors que sévissait la « jacklanguisation » de la culture. Elles tentèrent de séduire « les publics » grâce à une politique de « diversification de l'offre », de telle sorte qu'un usager vînt à sa bibliothèque sans aucune intention préalable de lecture. Il pouvait désormais délaisser les livres pour les films, pour les enregistrements sonores, et, à partir du début des années 2000, pour l'internet ; et lorsqu'il venait pour lire, cela pouvait consister à survoler des magazines ou à dévorer exclusivement des bandes dessinées – lesquelles s'étaient vu rapidement octroyer le droit de figurer dans la nouvelle bibliothèque idéale du citoyen, après avoir été, certes injustement, réduites au rôle d'initiatrices à la lecture pour les enfants.

Cette politique supposait l'idée que tout ce qui se lit peut éveiller l'amour de la lecture et mener un jour aux œuvres les plus difficiles. Elle partait également du principe qu'il n'y a pas de hiérarchie des genres, et que la culture n'a pas de *forme idéale*. Il y aurait de la culture pour tout le monde, et de n'importe quelle façon. Que l'on accorde foi ou non à ces présupposés, il n'en demeure pas moins que, dans les faits, ce n'est pas le lecteur qui s'est hissé vers les sommets de la culture, mais la bibliothèque qui s'est abaissée au niveau du plus grand nombre. Elle se voulait peut-être sincèrement pédagogique, mais ses moyens furent ceux du clientélisme et de l'industrie. Elle contribua à l'indistinction des œuvres et des marchandises. Elle s'ouvrit à tous, et à personne. Elle fit venir à elle des masses qui n'avaient plus besoin d'elle, en leur faisant croire qu'une *bonne bédé* valait tous les livres. Quoi d'étonnant si elles ont bientôt négligé tous les livres ?

Une autre raison de cette affluence se trouve dans l'explosion des études supérieures, qui poussèrent des milliers d'étudiants dans les bibliothèques universitaires, le plus souvent à seule fin d'y trouver un lieu propice au bachotage et au tribalisme. Qui a travaillé dans une bibliothèque d'université (ou dans une grande bibliothèque publique à Paris – car elles en sont devenues les annexes, surtout en période d'examens) connaît bien le phénomène : dès l'heure d'ouverture, des hordes d'étudiants s'amassent devant les portes, et à peine s'ouvrent-elles qu'ils se ruent sur les places assises, comme ces foules que l'on voit assaillir les grands magasins le premier jour des soldes. Une fois installés, ces doux lettrés s'abîment dans leurs révisions et, de la journée, ne déplacent aucun livre. Certains bibliothécaires acrimonieux comparent alors ces salles de travail à des « garderies », et déplorent l'ennui profond de leur tâche dans un tel contexte. Au quartier général,

on se félicite pourtant d'un « taux de remplissage »
aussi élevé.

En outre, cette apparition des « séjourneurs »
suscita des inquiétudes vis-à-vis des collections de
papier, qui semblaient devenir tout à fait inutiles
(en langage professionnel, il faut dire : *sous-utilisées*).
On lança des « enquêtes de consultation » pour en
avoir le cœur net. J'eus plus d'une fois l'occasion
de participer à ces « chantiers » d'essence purement
bureaucratique : ils consistent à relever chaque jour,
pendant quelques semaines, les codes à barre des
ouvrages consultés (à l'aide d'une atroce *douchette
laser*) et à transférer les données obtenues sur un
ordinateur, afin qu'elles puissent faire l'objet d'une
exploitation statistique. Un *bilan* très complet en
sortira plus tard, qui sera finement analysé par
quelques têtes pensantes, et présenté sur grand écran
au petit personnel de la bibliothèque concernée,
stupéfait de découvrir la version savante et graphique
des conclusions auxquelles il était parvenu par lui-
même depuis longtemps – grâce à ses globes oculaires
ultra-perfectionnés. *Oculos habent et non videbunt*
(« Ils ont des yeux et ils ne voient pas » – je traduis
pour les doctorants de lettres classiques).

Travaux avilissants de la raison aveugle ! Qui sait,
parmi ceux qui croient encore que mon métier est
une sorte d'occupation vaguement littéraire, combien
d'heures et de jours, dans une année, le bibliothécaire
passe à collecter les évaluations chiffrées de tout ce
qu'il fait, et de tout ce que font les lecteurs ? Qui
sait, par exemple, que la majorité des bibliothèques

doivent produire un rapport annuel de leurs activités
– cent pages en moyenne, un gros mois de travail,
des relevés presque quotidiens –, rapport qui sera
à peine effleuré par un décideur, un jour qu'il aura
besoin d'un ou deux pourcentages pour entériner une
restriction budgétaire ? Et ces données irréfutables
lui inspireront un discours émouvant : « Ce n'est pas
moi qui décide, c'est la réalité ! C'est le Chiffre ! Le
Chiffre a parlé ! ».

Puisqu'on aime tant les chiffres, même en ces
conservatoires des lettres et des pensées, qu'on
me permette d'en manipuler certains que je crois
susceptibles d'illustrer mon hypothèse (car nous
savons bien, nous modernes, que les chiffres sont
faits pour être *instrumentalisés*). En dépit de cette
fausse bonne nouvelle de l'« augmentation du nombre
d'usagers dans les bibliothèques », qui ne prouve rien,
sinon la massification de l'accès aux « équipements
culturels » – et l'on sait ce que veut dire « culturel »
dans cette acception –, les enquêtes semblent révéler
qu'un basculement d'une autre nature s'est amorcé
en ce début de siècle.

Dans les bibliothèques municipales françaises,
le nombre des personnes qui s'inscrivent et
empruntent des documents, après une longue période
d'augmentation, a diminué d'environ 5 % de 2005
à 2011, et l'on prévoit, pour les inscriptions, une
autre chute de 7 % entre 2010 et 2020, alors que
la fréquentation elle-même, à d'autres fins que la
lecture (suivant la logique évoquée précédemment)

s'est accrue de 4 %, et augmentera encore grâce à l'investissement dans le matériel informatique. Si l'on évalue toutefois cette fréquentation à l'aune de populations globales, la baisse est confirmée : au cours de l'année 1997, 31 % des Français se sont rendus au moins une fois dans une bibliothèque ; en 2008, 28 %. Les étudiants qui fréquentaient leur bibliothèque au moins une fois par semaine étaient 54 % en 1997, et 49,9 % en 2006 (bien qu'ils soient eux aussi plus nombreux à s'y rendre épisodiquement, ils le font en moyenne moins souvent). En 1997 encore, 69 % des Français âgés de 15 à 24 ans n'avaient pas mis les pieds dans une bibliothèque au cours des douze derniers mois ; en 2008, on évaluait ce chiffre à 72 %. La part des dépenses de livres dans les dépenses documentaires totales au sein des bibliothèques municipales est passée de 63,6 % en 2000 à 58 % en 2008. Quant à la part des dépenses documentaires consacrées aux contenus numériques dans les bibliothèques universitaires, elle est passée de 10 à plus de 50 % entre 1999 et 2014.

Ce sont là, pour la plupart, des chiffres modérément significatifs ; mais je crois qu'ils signalent les prémisses d'un mouvement de plus grande ampleur. Il se vérifiera dans dix ans. Le monde anglo-saxon, qui a toujours été notre avenir, annonce la couleur : en Grande-Bretagne, le nombre total de prêts a diminué de 40 % au cours des années 2000. Aux Pays-Bas, qui ont également pris quelque avance sur nous, ce nombre a chuté de 16 % entre 1999 et 2005 et n'a cessé de s'éroder depuis.

Bien sûr, si la *fréquentation* augmente radicalement dans les années à venir, il n'y aura pas lieu non plus d'y voir un surprenant paradoxe ; car les bibliothèques redoubleront de démagogie pour regagner le cœur des foules, et c'est sous leurs formes nouvelles, *délivrées*, qu'elles renoueront avec le public ; mais alors nous parlerons de tout autre chose quand nous utiliserons le mot « bibliothèque ». Il faudrait disposer de statistiques plus précises, qui nous diraient notamment quel pourcentage de lecteurs traditionnels on trouve parmi les « fréquentants ». Elles montreraient clairement que ces lecteurs ont fait place aux spectateurs en goguette, et que les bibliothèques telles que nous les connaissions, les lieux du Livre par excellence, font machine arrière – à l'instar du déclin inexorable de la lecture, corollaire de ce revirement.

En 2008, à cette question posée aux lecteurs de la Bibliothèque nationale de France : « Combien de livres lisez-vous par mois ? », une personne sur vingt répondit qu'elle ne lisait *aucun* livre. N'est-ce pas un petit chiffre assez étonnant ? Qu'un individu résolument engagé dans la *vita activa* ne lise aucun livre, on le comprend aisément – mais un usager de bibliothèque, interrogé *dans une bibliothèque* ! Les trois quarts de ces non-lecteurs absolus étaient âgés de moins de 25 ans. Parmi les jeunes gens, 88 % déclaraient avoir lu au moins un livre dans les douze derniers mois en 1973 ; une génération plus tard, en 2008, ils étaient 78 % (c'est-à-dire moins qu'à une époque où l'accès au livre et aux études supérieures était généralement plus difficile). Une étude récente du Pew Research Center annonce comme une victoire que, malgré le développement de l'e-book, 75 % des jeunes Américains ont lu au moins un livre imprimé en 2012, sans préciser que la lecture chez les « 18-24 ans » s'effondre aux États-Unis depuis plusieurs décennies, notamment la lecture littéraire (−17 % entre 1982 et 2002). Il est toujours possible de dissimuler la réalité sous un chiffre en le négligeant. En France, dans la même tranche d'âge, 41 % étaient ce que l'on nomme des « gros lecteurs » en 1973, alors qu'ils n'étaient plus que *16 % en 2008*. (Un « gros lecteur », en 1973, recevait ce titre à compter de quatre livres lus par mois ; aujourd'hui, la barre est fixée à vingt et un livres par an − un reclassement qui n'est pas anodin). À ce propos, il est bon de rappeler qu'en 1967, deux tiers des étudiants faisaient partie de ces « gros lecteurs », et n'étaient déjà plus qu'un tiers vingt ans plus tard (ils avaient mieux à faire, par exemple s'abrutir devant la télévision − fût-elle encore en noir et blanc).

Aujourd'hui, à peine 10 % des individus âgés de 20 ans lisent un quotidien tous les jours, c'est-à-dire trois fois moins que les individus du même âge, il y a vingt ans. Les étudiants qui possédaient plus de cent livres dans leur bibliothèque personnelle étaient 33,4 % en 1994, et 30,5 % en 2006 ; tandis qu'ils étaient 7,1 % à posséder moins de dix livres en 1997, et 12,9 % en 2006. Tous les âges sont concernés : la proportion des « faibles lecteurs », c'est-à-dire des individus qui lisent moins de cinq livres par an, est passée de 24 % de la population en 1973 à 38 % en 2005. On a lu en moyenne vingt et un livres en 1997, soit cinq livres de plus qu'en 2008. Selon un sondage de 2013, 55 % des Français préfèrent regarder la télévision plutôt que lire, ce chiffre culminant à 68 % pour les personnes dont l'âge se situe entre 18 et 34 ans.

Il va sans dire que ce regrès général de la lecture touche en particulier les ouvrages que l'on dit « classiques », dans lesquels on trouve des choses aussi farfelues que la philosophie, la poésie, l'histoire de l'art ou le théâtre. En 1994, plus de 25 % des étudiants disaient lire de tels ouvrages ; en 2006, ils étaient à peine 15 %.

Angélique, étudiante en lettres à l'université de Lyon, résume à merveille la situation : « J'ai besoin aussi d'aller chercher des livres non seulement parce qu'il faut remplir la bibliographie un jour [rire] oui et après il y a des choses qui ne sont pas sur internet assez précises, faut aller prendre des livres, voilà, où ça a été expliqué de manière écrite. Et la recherche, il a fait un bouquin dessus, ben faut lire le bouquin. Donc là oui, je prends mes petits pieds et je me motive pour aller jusqu'à la BU ou jusqu'à la BM et je vais chercher des bouquins[2]. »

2. Citée dans : Laurence Jung, « Je ne travaille jamais en bibliothèque » : enquête auprès d'étudiants non fréquentants ou faibles fréquentants, mémoire d'étude Enssib, 2010.

4

La barbarie à visage numérique

À qui voudrait-on faire croire que ces chiffres sont parfaitement étrangers à l'invasion des babioles informatiques *dernier cri* ? Qui voudrait-on persuader que les livres et les écrans sont par nature complémentaires, qu'ils sont prédestinés à coexister paisiblement, à s'aimer les uns les autres, à se protéger et à s'enrichir mutuellement dans la plus onctueuse des « hybridations » ? On nous rabâche que l'apparition des enregistrements sonores ou vidéographiques, ainsi que des microformes, n'a pas entraîné l'obsolescence du livre en tant que support matériel. Or, il est bien évident que ces nouveaux types de document, contrairement aux e-books, n'entraient pas en conflit direct avec le livre, qu'ils ne prétendaient pas sérieusement le périmer, n'offrant pas le même service ni la même « ergonomie ». Il serait tout aussi incongru de se réjouir que l'avion n'ait pas fait disparaître la pêche maritime, ou que le cinéma n'ait pas mis fin à la pratique de l'aquarelle. Quant au manuscrit, au chariot à bœufs, à la bougie et au disque vinyle, ont-ils continué de « coexister » ? Le monde de l'efficacité n'est pas nostalgique. N'entend-on pas déjà conjecturer le passage du livre à l'état d'objet de luxe, consigné à l'illustration des beaux-arts ou à l'embaumement de quelques vénérables dépouilles littéraires ?

Le numérique (puisqu'il faut bien utiliser ce faux substantif crâneur et fuligineux), le numérique avance sous le bouclier des arguties les plus indigentes. On nous sert *ad nauseam* l'exemple de la télévision, qui, affirme-t-on, n'a pas provoqué de désintérêt pour les livres, en dépit des mauvais pressentiments qui saisirent l'aristocratie des bilieux invétérés. D'ailleurs, précise-t-on, le nombre d'imprimés empruntés en bibliothèque n'a pas moins que triplé durant le dernier quart du XXe siècle. Cette corrélation est une autre espèce d'enfumage. Elle est censée convaincre l'opinion que le poly-écran, pas plus que ne l'avait fait la seule télévision, ne fera perdre le goût – ou ne rongera le temps – de la lecture. *La télévision est et a toujours été un adversaire de la lecture* (ce que prouve la diminution de cette dernière, déjà, au cours des années 1970 et 1980). Il y a eu davantage d'emprunteurs en bibliothèques sous le simple effet conjugué de l'accroissement démographique et de l'accès élargi aux études secondaires et supérieures ; au demeurant, ils ont emprunté *isolément* moins de livres que leurs prédécesseurs. Ensuite, jusqu'aux années 1980, il existait encore, dans les foyers populaires, quelques résidus de l'ancienne éducation, et c'est uniquement grâce à une certaine vigilance des parents, alliée à la pondération des professeurs et à la survivance, parmi la classe politique, de la *common decency*, que les effets dévastateurs du *petit écran* furent notablement amortis.

La plupart des enfants nés à l'orée du XXIᵉ siècle – les « natifs du numérique », les *nouveaux* – sont presque perdus pour le livre. Abandonnés à eux-mêmes dans une forêt d'écrans, sans « boussole, mémoire, calendrier, géographie », et sans acquis culturel préalable, ils se retrouvent enfermés dans une bulle artificielle cent fois plus attractive et accaparante qu'elle ne l'était au siècle du tube cathodique. « Mais où est-ce que je prends donc tout ce temps pour ne pas lire tant de choses ? », se demandait Karl Kraus. Les enfants d'aujourd'hui le savent, qui consacrent plus de cinq heures par jour à leurs multiples écrans (et quoiqu'on lise évidemment beaucoup sur un écran, on y lit plus souvent ses consternants e-mails et *flux de tweets* que la prose de Voltaire ou de Thucydide).

Les livres ne sont pas *compatibles* avec la vie moderne. Ils sont proscrits de fait – et le seront demain par principe. J'ai lu dans la presse que beaucoup d'adolescents craignaient d'être surpris par leurs camarades en pleine lecture : situation compromettante, car cette atteinte à la médiocrité collective pourrait leur valoir un *bolossage* en règle – tant il est vrai que « l'acte de lire *est* un jugement. Il stigmatise l'insuffisance des connaissances et des priorités qui gouvernent la vie ordinaire. L'acte de lire, engagé dans la durée, réfute l'idée du temps comme une simple succession[1]. » Le ressentiment à l'égard du livre et du lecteur, en outre, sera d'autant plus vif que le petit-bourgeois culturel, précisément, détournera sa valeur de « distinction » à son profit narcissique. Le livre est pris dans un étau : il meurt de n'être pas lu, et d'être lu faussement, par une petite élite de philistins surdiplômés.

Dans ma profession, il n'est pas rare d'entendre ces actes de foi : « Non, je ne crois pas que le livre disparaîtra », ou bien : « Il n'y a rien de mieux qu'un livre, on ne pourra jamais lire un livre sur écran », ou encore « Le papier a encore de beaux jours devant lui », alors même que les « internautes » colonisent les bibliothèques (faisant bien entendu grimper encore et encore les « statistiques de fréquentation ») et que, de plus en plus souvent, les lecteurs s'étonnent ou se plaignent que le contenu d'un ouvrage ne soit pas consultable *en ligne*, ici et maintenant.

À un groupe d'étudiants en sciences, je demandai un jour s'il leur arrivait encore de lire des livres de papier. Ils me considérèrent avec apitoiement, comme une vieille chose peu au fait de la modernité, et me répondirent que non, jamais, ou presque jamais. Je perçus dans le fond hostile et méprisant de leur regard que le livre, pour eux, *n'existait pas*, n'avait pas de

---

1. Sven Birkerts, *The Gutenberg Elegies : The Fate of Reading in an Electronic Age*, Faber and Faber, 1994, trad. pers.

valeur, et pas de raison de subsister. Comme je me risquai à la critique de Wikipédia, disant en substance qu'on n'y pouvait trouver de réponse valide et fiable à toutes ses questions, un jeune homme, hilare, me rétorqua : « Si, on trouve tout sur Wikipédia ! ». Son affirmation n'appelait aucun débat, et sonnait comme une mise en garde. Un mot de plus, et j'aurais fini sur le bûcher des types *pas cool*. Des étudiants littéraires ne m'auraient d'ailleurs pas apporté de réponse plus subtile, la seule différence significative entre eux et leurs congénères scientifiques étant qu'ils se trouvent, au moment de leurs études, dans l'obligation d'ouvrir quelques livres imprimés – pour l'examen. Ils les refermeront bientôt, dès qu'ils seront devenus, eux aussi, webmasters ou publicitaires. Qui n'a pas lu, ne lira pas.

Le bibliothécaire contemple les *dos* multicolores de ses ouvrages et se persuade qu'il n'y a pas de danger, que ces pièces du grand musée de l'écriture sont comme inviolables. Sans doute ce manque de clairvoyance est-il nécessaire à des hommes et des femmes pour qui le livre est une sorte de pilier de l'univers connu, un plafond du cosmos et, pour certains, la source même de leur engagement. Ils se bandent les yeux pour ne pas voir que le livre est déjà mort, parce que la véritable lecture a cessé, n'étant pas substantielle à l'humanité qui vient, qui est déjà là. Ils ne peuvent pas l'admettre, car il faudrait pour cela convenir que toute l'idéologie progressiste, depuis que l'aspiration au progrès s'est changée en pure adoration du mouvement comme tel, nous entraîne vers la ruine. Or, on le sait, ils sont de longue main les zélateurs plus ou moins actifs de cette idéologie. Ils ne comprennent pas que les « nouvelles technologies » sont en passe de dépeupler les bibliothèques et de convertir les bibliothécaires en marchands de foutaises électroniques ou en animateurs d'« espaces culture ». Ils présupposent que la technique *en elle-même* ne détient pas le pouvoir de déclasser le livre, ce qui est vrai ; mais ils sous-estiment le danger, ils n'entendent pas que la technique n'a plus d'obstacle à son déploiement, qu'elle arrive en pays conquis, sur une terre arable – paradoxalement, parce qu'elle est sèche, rude, pauvre en esprit et en volonté. Dans un autre monde, le livre se défendrait et viendrait vite à bout d'un tel adversaire. La technique n'est ni une cause criminelle, ni une conséquence anodine – elle est l'*ivraie* du présent. Elle n'est pas l'Ennemi, elle est la forme sous laquelle prolifère l'Ennemi.

Ce monde où les « 15-24 ans » ont renoncé à la lecture des classiques pour Facebook, Twitter, *Millenium* et *World of Warcraft* a été voulu et créé par nous – avortons sublimes. Nous avons voulu et organisé, à grande échelle, le tarissement des relations humaines par le téléviseur et la radio ; puis nous avons chargé les télécommunications de remplacer la communication – la grande communication des vivants et des morts, ainsi que l'imaginaire et la méditation. Nous avons jeté nos enfants, sans le moindre scrupule, sur les « autoroutes de l'information » où,

« comme sur les autoroutes, on ne distingue aucun visage. Communication où personne ne communique avec personne, dont le contenu ne cesse de s'appauvrir en fonction de sa vitesse. Communication d'informations donc, multiples, incohérentes, coupées de toute analyse, de tout critère d'évaluation, de toute critique, de leur histoire, de leur genèse, de tout principe d'intelligibilité – sans rime ni raison »,

écrivait Michel Henry dans sa préface à *La Barbarie*[2]. « Il n'y a pas de culture des ordinateurs[3] » affirmait-il à l'aube de la « révolution numérique ». Qui pourrait bien aujourd'hui réfuter cette assertion, au temps de la « blogosphère » et des « wikis » ? Le philosophe considérait que l'effacement des barrières culturelles entre les lieux du savoir et la société avait causé la perdition de l'université, via l'intrusion de la technique en son sein. Comment ne pas voir que les bibliothèques ont subi le même sort, et qu'elles sont mortes d'avoir trop cherché à s'inoculer les toxines de la contemporanéité, au lieu de s'en protéger ?

Hannah Arendt, dans *La Crise de la culture*, diagnostiquait cette maladie de la modernité dont l'un des symptômes, à ses yeux, était le refus de transmettre l'héritage des traditions et l'impuissance de l'institution moderne à mettre les enfants à l'abri de l'agitation extérieure. Elle exprimait l'idée que

2. PUF, 1987.
3. *Ibid.*

l'« éducation doit être conservatrice », en ce sens que
l'homme qui n'est pas enraciné dans une structure
ancienne et stable, qui n'a pas d'appartenance, n'est
rien de plus qu'une chose *numérique* exploitable par
toutes les machines totalitaires. « Nous sommes en
danger d'oubli », affirmait-elle[4]. Tous les foyers du
savoir et de la pédagogie – écoles, universités ou
bibliothèques – doivent nous protéger de l'oubli,
ils doivent être essentiellement conservateurs, s'ils
ne veulent pas contribuer à la déshumanisation qui
tôt ou tard produit des cataclysmes. Ils doivent se
fermer aux sollicitations de tout ce qui, provenant des
sphères sociale et privée, peut détruire leur équilibre
et leur *autorité*. Mais c'est exactement le contraire
qui se produit aujourd'hui. Il suffit pour s'en rendre
compte d'admirer dans ses œuvres un cacique ordinaire des bibliothèques.

Pour ce convertisseur du *Temps réel*, « l'avenir
des bibliothèques dépend des capacités d'ouverture
des bibliothécaires et de leur capacité à intégrer
les composantes qui se retrouvent dans le monde
extérieur ». Ils doivent devenir des « coachs du savoir ».
Les bibliothèques sont des « hyperlieux » ou des « lieux
d'interconnexion ». Enfin, tout sauf des… lieux, des
lieux où des gens viendraient lire, compulser ou
emprunter des livres – oui, des livres. Tout, mais pas
ça. L'idée qu'elles puissent tout simplement demeurer
en l'état, du moins pour l'essentiel, afin de préserver
le continuum culturel du passé et du présent, afin

---

4. Hannah Harendt, *La Crise de la culture*, Gallimard, 1972.

de conserver au mieux le patrimoine écrit, ne l'effleure même pas. Poète hermétique, il évoque la « bibliothécarisation » du monde, prétend que le monde entier imite les bibliothèques, s'accouple aux bibliothèques. Un monde sans frontières, sans limites et sans *ancrage*. Il rêve de « développer des actions expérimentales » ou « des interfaces dynamiques entre les usagers et la connaissance : des outils collaboratifs, des activités culturelles, des dispositifs de médiation, etc. ». Traduire : s'abandonner à toutes les marottes du jour. Éventrer l'enceinte immortelle et laisser s'y engouffrer les pilleurs de toute espèce. Servir la tyrannie des urgences. Car « l'essentiel de ce que viennent chercher les gens en bibliothèque, c'est du nouveau ». Lorsqu'il prend la tête d'une bibliothèque, il veut en faire un « laboratoire du futur ». Il a des projets plein la tête. Il veut mettre toutes les « richesses culturelles » du numérique à disposition du public. Il a déjà montré de quel souci *conservateur* il était animé en créant naguère un service de réponse à distance[5] ou en instaurant un cycle régulier de conférences, ateliers, projections, rencontres, débats, spectacles, « heures musicales » et autres « goûters d'appli » au cours desquels on apprend « comment lire, jouer, créer, découvrir, apprendre sur tablettes ».

Les écrans, faut-il le redire, n'ont aucune sorte de vertu proprement *culturelle*. Ils n'améliorent pas les

---

5. On saura mieux ce qu'il en retourne en lisant le chapitre 14.

conditions de l'étude, du silence et de l'imprégnation par les grands textes. Les écrans pullulent dans un milieu glaciaire où s'est considérablement émoussé le désir du livre, en tant qu'il assouvissait le besoin d'apprendre et de penser contre soi, au-delà de soi, en compagnie des dieux et des génies, en tant qu'il transmettait la sagesse de nos prédécesseurs, et j'ajoute : en tant qu'il enseignait les usages de la langue. Les écrans ont fait leur entrée dans les bibliothèques dès lors qu'elles ont cessé de se définir comme poches de résistance aux vicissitudes de l'actualité, dès lors que toute force d'opposition les a quittées. La technique sans éthique, celle qui mange l'âme et pourrit l'intelligence, est le fruit naturel de cet épuisement ; elle est le produit et le ferment d'un abîme où s'efface toute perception littéraire de la vie, et duquel surgit une forme d'existence abâtardie, désencombrée de la nuance et du style. Le nouvel homme inaccessible à l'aura des œuvres se tient désormais dans la timonerie. Il barre notre destin. Le nouveau monde sans livres pointe à l'horizon. La Technique, désormais, dévore la Culture – comme un incendie.

5

L'ennemi mortel de la culture

Lorsqu'un lecteur s'approche de moi avec un morceau de papier sur lequel il a griffonné les références d'un article de presse, et qu'une minute plus tard, je lui remets cet article dont j'ai trouvé la « version électronique », lui et moi sommes presque étonnés par l'aisance de cette opération. Lorsqu'un collègue de Nantes, Lille ou Marseille peut me fournir en moins d'une heure la copie numérisée d'un chapitre d'ouvrage, je suis bien forcé de reconnaître l'ingéniosité de ces « tuyaux » communicants. Je cherche une thèse : en quelques secondes, la liste de toutes les bibliothèques de recherche françaises ou mondiales qui en possèdent un exemplaire s'affiche sur mon écran. Je me sens délesté du poids du temps et de l'espace. Tout est devenu si simple. Ne vivons-nous pas dans une sorte de monde rêvé, dans une utopie en voie d'accomplissement ?

Aujourd'hui, l'usager des bibliothèques peut accéder dans la minute à d'innombrables « ressources en ligne ». Grâce au travail de numérisation des fonds patrimoniaux de la BNF, il peut, sans même bouger de chez lui, lire l'article consacré aux Indiens Cherokees du premier tome de la *Revue des deux mondes*, publié en 1829 ; il voit s'afficher sur son écran le manuscrit du *Roman de la Rose*, ou des pages écrites de la main de Proust, Flaubert et Casanova ; il « feuillette » l'un des dix-sept volumes de *L'Encyclopédie* de Diderot et d'Alembert. Il contemple à loisir le manuscrit de la *Proclamation d'émancipation* rédigée par Lincoln, et d'autres grands textes fondateurs, sur le site de la Bibliothèque numérique mondiale. Il navigue dans la Bibliothèque numérique européenne à partir de son *iPad*. Il dépouille les Archives parlementaires de la Révolution française. Il peut étudier à la loupe un corpus entier de manuscrits médiévaux numérisés par le CNRS et pourra bientôt visiter, comme s'il y était, la prestigieuse bibliothèque du Vatican. Les documents « rares et précieux », conservés depuis des siècles dans la pénombre silencieuse des réserves, lui sont donnés à voir et à consulter sans autorisation préalable, sans protocole, sans attente et sans effort. D'innombrables informations qu'il eût fallu naguère chercher en plusieurs endroits ou qu'on n'eût peut-être jamais trouvées sont immédiatement accessibles grâce au Réseau

La bienséance moderne voudrait que je me prosternasse devant ces nouvelles commodités. Je

ne peux certes pas nier qu'elles sont des commodités,
mais je pose la question : Et alors ? Et puis quoi ?
Vous avez numérisé des millions de documents
dans toutes les disciplines de la connaissance, de
telle sorte qu'ils arrivent aisément sous les yeux de
n'importe qui, n'importe où sur la terre et à tout
moment. Bientôt, la totalité du patrimoine écrit
d'aujourd'hui et d'hier sera lisible dans ces mêmes
conditions. Et alors ? Vous avez donné les moyens à
tous d'alimenter un réservoir infini de connaissances
diverses et évolutives. Et ensuite ?

L'internet apporte sur un plateau les documents
– ou l'image, la version « homothétique » des
documents – qui, hier, n'étaient consultables que
par un petit nombre de chercheurs motivés. Les
chercheurs motivés gagnent du temps – *and that is
the point*. Quoi d'autre ? Tout le monde peut admirer
les enluminures d'un manuscrit du XIIᵉ siècle, c'est
l'apothéose ; mais qui sait les admirer aujourd'hui, qui
ne le savait pas hier ? Qui tire un profit réel et nouveau
de cette possibilité ? Combien d'universitaires
capables de restituer le document dans un contexte
(dont beaucoup, d'ailleurs, éprouveront le besoin de
voir et de toucher une fois au moins son original) ?

D'autre part, des milliers d'œuvres du domaine
public, de travaux scientifiques ou d'extraits divers
que l'on trouvait pour la plupart sans grande difficulté
à quelques pas de chez soi, dans une bibliothèque ou
chez un libraire, peuvent être invoqués d'un *clic* sur
nos écrans plats. La retombée la plus heureuse de
la numérisation, sans conteste, est la possibilité de

publier « à la demande » des ouvrages épuisés, sous la forme ô combien pratique, ô combien novatrice, d'un petit rectangle de feuillets empilés les uns sur les autres. Mais enfin, beaucoup de bruit pour si peu. Beaucoup d'annonces formidables pour ce renflouage systématique et vorace du livre ancien, au moment même où ses lecteurs se volatilisent. Rien de qualitatif, rien de spirituel ne s'est produit ; et qu'on parle encore de cette prétendue *noosphère* interactive où les chercheurs puisent instantanément les derniers travaux de leur domaine spécifique, cela revient toujours à une contraction spatiale et temporelle, à une orgie de *moyens* stupéfiants. N'y avait-il pas une communauté scientifique à l'échelle planétaire bien avant l'invention de l'internet ? La Conscience collective est-elle née dans un *modem* ?

Tout est en ligne. Tout le monde est en ligne. Soit ; est-ce là une éclatante rédemption, un progrès en soi, un miracle dont la survenue seule devrait nous porter aux nues ? Sur quoi repose votre enthousiasme ? D'où tenez-vous que *l'accessibilité rapide* au contenu des livres – car au fond, ce n'est rien d'autre que cela (tandis que l'imprimerie avait engendré *l'accès lui-même* dans une Europe qui ne connaissait pas encore les Amériques – nuance de taille) –, d'où tenez-vous que la vitesse de l'*avoir* représente un avancement indéniable dans le domaine de la connaissance ? Sur quels principes vous appuyez-vous pour l'affirmer ? La petite jouissance de l'internaute qui télécharge son document en un clin d'œil et qui le consulte sur l'écran de son ordinateur ou de son *smartphone* –

« accès nomade aux ressources » – est-elle une preuve
suffisante qu'un grand bond pour l'humanité s'est
véritablement produit ? Est-ce la fin en soi de toute
entreprise documentaire ? Est-ce une épiphanie de la
civilisation ? Les savants de demain vont-ils être plus
savants ou plus nombreux que les savants d'hier ? Les
étudiants de demain, plus intelligents que les étudiants
d'hier ? Les hommes de demain, plus cultivés ? Ceux
d'aujourd'hui vous paraissent-ils si supérieurs à tout
ce qui les a précédés ? L'internaute et le blogueur
font-ils honte aux érudits de l'Égypte ancienne,
aux moines du XIIe siècle ou aux universitaires du
XIXe ? Ils ont peut-être certaines connaissances que
ces hommes n'avaient pas, et pour cause, mais en
termes de « culture » et de qualité de l'érudition, ils
ont tout à leur envier.

Le *bac* + 5 d'aujourd'hui n'offre même pas la
garantie qu'on sait mieux les bases de la grammaire,
du calcul ou de l'histoire que l'ouvrier de 1920 ; il est
même, assez souvent, l'indice certain de l'ignorance
et de la fatuité. Paul Valéry observait déjà, en 1935[1],
que « le diplôme est l'ennemi mortel de la culture » et
que tout s'oppose, dans notre approche utilitaire et
« présentiste » de l'enseignement, à l'épanouissement
de la vie intellectuelle. Il portait ce jugement à une
époque où l'on enseignait le savoir dans des universités
qui n'étaient pas encore les vestibules du salariat
qu'elles sont devenues ; mais à ses yeux, elles ne

---

1. Voir le texte de sa conférence « Le Bilan de l'intelligence »
publié dans *Variété III*, Gallimard, 1936.

pouvaient déjà plus prétendre à former l'intelligence et, moins encore, à développer la sensibilité. « Il ne s'agit plus d'apprendre le latin, ou le grec, ou la géométrie, écrivait-il. Il s'agit d'*emprunter*, et non plus d'*acquérir* ». Il voyait dans la multiplication et l'accélération des connaissances de tous ordres une « grande débauche » où les études n'ont pas d'autre finalité que d'engranger les attestations de compétences mortes. Que dirait-il de la science machinale, non seulement empruntée, mais *volée*, des docteurs en wikipédie et des licenciés de *googling* ? Que dirait-il de nos « intellectuels », de nos écrivains, de nos artistes, de nos hommes politiques et de nos savants, qui étalent à longueur d'année leur vaste inculture à la télévision, sur leurs *blogs* et dans leurs tartines brochées, aussi médiocres sur le plan de la pensée que de la langue ? Tout en ligne, mais rien dans les têtes – et rien dans les cœurs.

Certaines études scientifiques disent que l'internet développe des capacités d'association et de créativité cognitive. Les instigateurs de l'hypertexte, dès le milieu du XXe siècle, imaginèrent d'ailleurs des machines qui devaient accroître nos facultés mentales : ils les baptisèrent de noms ambitieux : *Memex* (Memory Extender), *Augment* ou *Xanadu*. Leurs continuateurs, à l'ère des « nouvelles technologies », ne cessent de vanter la supériorité de l'organisation « ouverte » et « dynamique » de l'information webmatique, par opposition à la structure du livre traditionnel, bêtement déterministe et cruellement simplificatrice.

L'hypertexte favoriserait la pensée fragmentaire, le court-circuit nietzschéen, l'intuition, le cheminement personnel dans l'immensité des « liens », et finalement, stimulerait la capacité de faire surgir l'inattendu dans le cours hasardeux du raisonnement ou de l'exploration – la très moderne *sérendipité*. L'hypertexte créerait une forme améliorée de la lecture scolastique, fondée sur la mise en perspective, la comparaison et la synthèse fructueuses. C'est tout à fait possible, c'est même difficilement contestable ; mais cette fabuleuse créativité – dont, soit dit en passant, on n'a pas encore récolté les fruits géniaux – semble s'accroître au détriment de l'aptitude à la lecture linéaire et à la concentration (déjà bien malmenées par la vie moderne), sur laquelle reposait toute édification d'une culture livresque. Aucune mesure n'ayant été prise pour sauvegarder les conditions de ce type de lecture, pour tamiser et organiser le fatras des connaissances, le picorage éphémère s'est substitué à la *meditatio*. Muni de ses bottes de sept lieues psychiques, l'internaute serait alors un Héraclite sans langage (puisqu'il n'aurait jamais pu l'apprendre), un Pascal sans la Bible, un Nietzsche sans les Grecs. Il saurait fusionner, corréler et juxtaposer à l'infini, bondir d'un texte à un autre avec une agilité intellectuelle incroyable, mais serait incapable de s'y arrêter plus de quelques secondes, et ne pourrait pas davantage comprendre les tenants et aboutissants de son éclectique « cheminement ». Il aurait la profondeur d'un pic-vert. Son cerveau serait rempli de bribes qui ne s'unifieraient jamais,

et d'étincelles qui ne produiraient jamais de feu.
Qu'est-ce qu'un fragment s'il n'est pas relié à une
totalité ? Qu'est-ce qu'une errance mentale au cœur
d'un monde sans cesse à découvrir, mais qui jamais
n'offre une *direction stable*, sinon un labyrinthe ?

Le numérique est l'ennemi mortel de la culture,
pourrait-on affirmer aujourd'hui ; il est le remède à la
culture – bien qu'à la vérité, il serait plus juste de dire
que le numérique triomphant est une conséquence
parmi d'autres du déclin de la culture. À ceux qui
n'ont rien appris, qui ignorent la souffrance, la lenteur
et l'exigence de la culture, le numérique ne fera rien
perdre, sinon un peu plus de ce qu'ils ne possèdent
pas. À quoi peut bien servir qu'un livre qu'on ne *sait
pas* lire soit « disponible sur internet » ? Et croit-on
savoir lire parce qu'on a décroché son baccalauréat
ou son *master* ? Goethe lui-même disait avoir appris
à lire pendant quatre-vingts ans, et douter encore d'y
être arrivé. Peu importe l'ampleur de la bibliothèque,
il faut savoir lire. À qui peut profiter la numérisation
du patrimoine mondial, sinon à celui qui sait naviguer
intelligemment sur l'océan de la Science, à celui qui
possède déjà cette boussole intérieure qu'on nomme
précisément la culture, et qui seule peut empêcher
de se perdre dans le dédale des « bibliothèques
numériques » ? Mais un tel homme – et c'est là tout
le paradoxe vertigineux de notre situation – n'éprouve
aucunement le besoin impérieux du confort, de la
facilité et de l'« hypertextualité » infinie ; car de ces
« développements », il ne peut rien tirer de mieux

que ce qu'il tire déjà des bibliothèques solides (et quand il adviendrait qu'il en fît bon usage, ce ne serait qu'à l'aune de son savoir inamovible).

« Comme l'on serait savant, si l'on connaissait cinq ou six livres ! », s'exclamait Flaubert[2]. L'homme cultivé s'enrichit d'un seul livre, dans lequel il peut puiser toute la substance créatrice dont il a besoin ; comme le joueur d'échecs dans la nouvelle de Zweig, condamné par les nazis à vivre sans lecture – suprême tourment, pensent-ils non sans raison, que l'on puisse infliger à un intellectuel –, trouve inopinément de quoi étancher sa soif intérieure dans un manuel d'échecs qu'il subtilise à ses bourreaux. C'est bien sûr grâce à toutes ses lectures préalables, grâce à toutes ses initiations, qu'il peut décoder le langage hermétique du jeu et donner un sens aux parties qu'il apprend à « lire » dans la douleur. C'est son aptitude à patienter et à s'incliner devant l'inconnu, à suivre une logique extérieure à lui-même, qui le sauve. Tout homme étranger à l'effort et au recueillement spécifiques de la lecture, pris dans une même circonstance, aurait abandonné le livre et serait devenu fou. Les « natifs du numérique », eux aussi, deviendront fous dès qu'ils seront confrontés aux mystères du sens. Heureusement pour eux, le monde programmatique, le système univoque et infantilisant qu'on leur prépare sera dépourvu de tels mystères. Ce monde, et ces bibliothèques 2.0 qui se rendent complices du grand décervelage.

2. Lettre à Louise Colet, 17 février 1853.

Dans le Manifeste de l'Unesco sur la bibliothèque publique de 1994 – déjà bien ancien, certes –, il est stipulé que les bibliothèques doivent « contribuer à faire connaître le patrimoine culturel et apprécier les arts, le progrès scientifique et l'innovation », indépendamment de toute « censure idéologique, politique ou religieuse » et de toutes « pressions commerciales »[3]. Or, nous voyons aujourd'hui les bibliothèques des pays développés devenir les « acteurs » – et les acheteurs – les plus fervents du désastre numérique. La promotion des œuvres numérisées éloigne volontairement les usagers du livre et de la lecture traditionnelle, sans considération pour toutes les critiques suscitées par ce changement brutal de paradigme, sans le plus minime effort de circonspection.

J'ai vu mes collègues s'émerveiller devant les toutes nouvelles « liseuses » que venait d'acquérir mon service ; ils se passaient les joujoux de mains en mains, tout subjugués, tout excités – mais au fond déjà revenus de leur propre enthousiasme de pacotille –, et n'avaient qu'une hâte : les mettre à disposition des lecteurs, « pour voir si ça marche » ; et dans leurs prunelles illuminées, je n'ai pas vu l'éclat d'une exigence culturelle, mais un ébaudissement de bac à sable. Ils ne s'inquiétaient nullement de savoir en quoi ces objets pouvaient servir ou desservir leur cause – mais quelle cause, se demandera-t-on ? À quoi rêvent-ils ? Ce sont des vendeurs comme

3. unesdoc.unesco.org.

les autres. Ils vendront les écrans sans le moindre scrupule, malgré tout ce que l'on devine déjà de leurs conséquences délétères sur la lecture et sur la pensée, et malgré toutes les questions qui attendent encore des réponses[4].

Nous ne savons pas ce qu'il adviendra de nos esprits confrontés à cette « révolution cognitive ». Nous ne savons pas vers quels gouffres de servitude et d'abêtissement nous entraîne la machine. Tout porte à croire cependant que nous perdons des facultés essentielles, que nous diminuons, que nous renonçons à nous-mêmes. Un siècle de pouces et de cortex finira de nous réduire et de nous disperser. La simple observation du comportement d'un homme devant ses écrans, hypnotisé, abêti, mithridatisé, devrait nous enjoindre la prudence, pour ne pas dire qu'elle devrait susciter en nous la plus vive exécration. Nous ne savons pas comment préserver ce que nous sommes peut-être, sûrement, en droit de vouloir préserver. Nous ne savons pas à quelles terreurs nous livre un monde où les hommes ne sauraient plus lire.

Les bibliothèques eussent fait leur devoir en devenant, face à toutes ces incertitudes et ces menaces, des sanctuaires critiques. Seulement voilà : plus personne aujourd'hui ne veut se méfier ni se dégager de quoi que ce soit, de peur de passer pour un couard et un frileux ; mais quand le capitaine

---

4. Parmi ces questions, celle de la conservation des documents électroniques en cas de défaillance énergétique de grande ampleur, bien que primordiale, a toujours été éludée.

d'un navire devine un iceberg au fond de la nuit d'encre, doit-il foncer droit devant, rêvant à une île bienheureuse, ou tenter de l'éviter ? Doit-il céder à la bravade ou à la crainte ? Toute précaution n'est pas pusillanime ; toute inversion n'est pas une fuite.

Certes, le livre n'est pas intouchable et incon-ditionnellement admirable ; certes, des quantités innombrables d'insanités ont été imprimées, et les pires horreurs littéraires et idéologiques ont été diffusées grâce au codex ; mais il a transporté des milliers de chefs-d'œuvre et de sources fondamen-tales, parce que ses racines s'enfoncent dans le génie naturel de l'humanité, tandis que l'e-book est une abstraction stérile, née de la plus pure spéculation techno-scientifique. À ce titre, il pourrait fort bien ne jamais véhiculer que l'esprit apoétique et superflu dont il procède, et ce n'est sans doute pas le fait du hasard s'il est particulièrement adapté à la littérature de plage. Ce n'est sans doute pas le fait du hasard s'il coïncide avec le tarissement du génie scriptural.

Quels sont les auteurs les plus lus aujourd'hui en France ? En 2013, les livres qu'on a le mieux vendus, après le dernier *Astérix*, sont les romans industriels d'E. L. James (*Cinquante Nuances...*), Guillaume Musso, Marc Levy, Dan Brown et consorts. Retournons un siècle en arrière, un petit siècle. À quoi ressemblait « l'actualité du livre » en 1913 ? Proust et Alain-Fournier étaient en lice pour le Goncourt ; on publiait *L'Argent* de Péguy, les poèmes d'Apollinaire ou de Mandelstam, les romans de Colette, Martin du Gard et Barrès ; on traduisait Gorki, Hesse ou London. Rabindranath Tagore recevait le prix Nobel de littérature. (De nos jours, tous ces excellents poètes vendraient du *matos informatique* pour ne pas mourir de faim.)

Les négateurs de la mort du livre mettent en avant l'explosion du marché de l'édition. Jamais on n'a autant fait travailler les imprimeurs. Jamais autant de titres nouveaux n'ont été publiés ; mais combien de livres *véritables* dans cette multitude – je veux dire : combien d'œuvres qui ne soient pas jetables et oubliables dès qu'elles sont lues (ou parcourues) ? Combien en revanche produisons-nous de tristes monographies qui ne font même pas sourciller le présent immédiat (à défaut de transformer l'avenir) ? Nos chiffres de vente sont des leurres. Nos librairies sont remplies de succédanés *remplaçables*. En vérité, le livre ne survivra pas à la mort du dernier poète. Quand il n'accueillera plus le souffle créateur, quand il ne proposera plus que des œuvres *faciles* et des modes d'emploi, il deviendra une proie vulnérable pour tous ses ersatz techniques, et lors même qu'il se démultiplie à l'infini dans ses avatars subsidiaires, un gadget le pulvérise.

Si l'ère numérique nous offre un jour des *Genèse*, des *Épopée de Gilgamesh*, des *Énéide*, des *Livres des mutations* ou des *Rig-Veda*, si elle produit des pyramides, des cathédrales et des hauts lieux du Savoir, alors nos livres et nos bibliothèques, en effet, peuvent bien s'effacer au profit d'un futur désirable, et je ne les regretterai pas non plus ; mais si les craintes des

sceptiques sont légitimes, si nous avançons réellement vers la Barbarie climatisée, vers le règne de
la non-lecture, ou de la lecture utile, confortable
et mondaine – seule forme de lecture qui semble
en adéquation avec l'écran –, alors il vaudrait mieux
résister à ces injonctions statisticiennes, faire bloc
contre les innovations douteuses, et tenir le siège de
nos vieilles institutions, quitte à les voir se vider de
toute présence humaine – sinon de la présence du
dernier poète – et péricliter lentement dans leur refus
obstiné. L'histoire donne parfois raison aux réticents.

6

Deprogramming

Tandis que nous est chanté, sur tous les tons, le refrain de la concorde éternelle entre le livre et le numérique, une propagande soviétoïde en faveur des « techniques émergentes » sévit dans le milieu des bibliothèques depuis le début de la contagion. Elle consiste à endoctriner, à rabâcher, à montrer l'exemple et – ce qui est sans doute le plus efficace – à mettre en œuvre divers programmes auxquels plus personne ne peut échapper, même avec la meilleure mauvaise volonté du monde. Nous sommes embarqués sur l'onde immatérielle à notre corps défendant. Ils célèbrent la paix, mais ils préparent la guerre.

Mediadix, l'un des principaux centres de formation aux carrières des bibliothèques en France, se mit très vite au diapason et proposa des « initiations à XML », à la « création de site web » ou à la « numérisation des collections » ; puis le programme s'enrichit, et nous eûmes des stages ainsi libellés : « Outils libres du web collaboratif : agrégateurs et outils de gestion de contenus » ou encore : « Métadonnées pour les bibliothèques numériques », pour ne citer que ces exemples. Les Urfist (Unités régionales de formation à l'information scientifique et technique), où les bibliothécaires sont régulièrement invités à réapprendre leur travail, couvrent aujourd'hui des domaines aussi variés et poétiques que la « cartographie de l'information sur le web », « l'open data et les bibliothèques », la « médiation numérique », « Twitter, outil de veille et de communication » ou le « web of knowledge » (puisqu'il est inutile d'encombrer ces concepts chatoyants d'une arrogante traduction française).

Ces formations, qui sont rarement obligatoires, mais dont l'omniprésence dans notre champ d'apprentissage fonctionne comme une incitation et une culpabilisation permanentes, prolongent efficacement la propagande orale et écrite qui prépare les esprits à la Grande Mue. Des réunions et des « points d'information » diffusent régulièrement les nouvelles du front invisible, et signalent l'imminence perpétuelle du Changement, de telle sorte que, même si nous voulions nous désintéresser totalement de ces évolutions purement techniques – la plupart du temps fort ennuyeuses et contraignantes –, nous ne puissions le faire simplement en fermant les yeux et les oreilles. À force de répétition, le dogme numérique pénètre tôt ou tard dans les cerveaux, assez profondément pour que nul n'en ignore le caractère implacable.

Dans la revue *Chroniques*, organe publicitaire de la Bibliothèque nationale de France, je remarquai ainsi une évolution éditoriale tout à fait significative : à partir de 2009, une nouvelle rubrique baptisée « Actualités de la numérisation » apparut dans le sommaire. Elle devint rapidement « Actualités du numérique », ou mieux : « *Actus* du numérique ». Auparavant, les articles dévolus au « numérique » ou à tout ce qui concerne l'« immatériel » étaient inclus dans le chapitre « Collections », ou bien faisaient l'objet d'un dossier spécifique. Le « Numérique » avait donc pris son autonomie, et son importance ne cessait de croître. Sa majuscule n'en finissait pas de se prolonger vers le haut.

À chaque fois que le sujet est abordé, depuis, dans les colonnes de ce *tabletoïd*, on en parle invariablement comme d'un « défi ». Le « défi numérique » en impose : qui refuserait de le relever serait vite dénoncé comme lâche et déserteur. Le numérique est la « chance des bibliothèques » – façon élégante de dire qu'elles sont tout à fait perdues. Le bibliothécaire « de demain », lit-on encore dans ces chroniques – devenues martiennes –, doit avoir « une longueur d'avance sur le public, dans la course à la maîtrise de l'information[1] ». Un article de janvier 2009 savoureusement intitulé

1. Yves Alix, « Métamorphoses du bibliothécaire », *Chroniques*, n° 54, mai-août 2010.

« Vers la bibliothèque du futur » claironne : « Ce qui hier était inconcevable – donner à lire à distance la totalité des documents conservés – est aujourd'hui devenu l'objectif de toutes les grandes bibliothèques[2] ». La même année, le livre électronique faisait son entrée à la BNF. Un agité du digital écrivit alors que ces objets miraculeux offraient une « approche différente de leurs homologues imprimés, moins cursive, plus proche de l'attente de l'utilisateur grâce à une structuration en chapitres signifiants et à l'utilisation de moteurs de recherche performants, plus opérationnelle en un mot […][3] ». Qui pourrait croire qu'un « bibliothécaire » de cette étoffe voulût autre chose que la mort du livre imprimé, et qu'il ne s'en fît pas une joie secrète ?

Un numéro de la même revue publié au début de l'année 2012 posait la grande, la seule question : « Faut-il avoir peur du numérique ? », et tâchait, bien entendu, d'apaiser les pathétiques alarmes des timorés et des cassandres. Il fallait combattre énergiquement les inquiétudes, étouffer dans l'œuf toute révolte critique. Sait-on jamais quel germe séditieux pourrait sortir d'un cerveau en mesure de penser librement ? C'est sans doute à cette fin que fut mis en place en 2010, dans un hall de la BNF, le

2. Aline Girard, Gildas Ilien, Hélène Jacobsen, Christian Lupovici, « Vers la bibliothèque du futur », *Chroniques*, n° 47, janvier-février 2009.

3. Hervé Colinmaire, « Les livres électroniques font leur entrée à la BNF », *Chroniques*, n° 52, janvier-février 2010.

« Labo », « premier laboratoire expérimental ouvert au public sur les usages des nouvelles technologies de lecture, d'écriture et de diffusion de la connaissance », « une nef blanche high-tech » financée par Apple, Samsung, Sony et Epson, où le visiteur a la possibilité de « faire l'expérience de la lecture sur papier électronique communicant, de sélectionner, de consulter et d'extraire des contenus de façon tactile sur un écran-mur d'images, ou encore de tester la réalité augmentée »[4]. L'expérience n'a connu jusqu'à présent qu'un succès mitigé : sans doute les esprits ne sont-ils pas suffisamment *préparés au changement*. Il faudra veiller à ne pas trop s'enquérir de leur avis.

Tandis qu'un « Schéma numérique des bibliothèques » se mettait en place et préconisait une « volonté forte de numériser le patrimoine des bibliothèques françaises », appelait à « fédérer les forces pour l'archivage numérique[5] », le réseau CAREL (Coopération pour l'accès aux ressources électroniques) tentait de répondre à la « nécessité de structurer de manière plus forte un réseau de bibliothèques publiques autour de l'accès aux ressources numériques[6] », et un peu partout naissaient des EPN (Espaces publics numériques) – dont les

4. labo.bnf.fr.
5. Bruno Racine, « Schéma numérique des bibliothèques », ministère de la Culture et de la Communication, 2010, www.ladocumentationfrancaise.fr/rapports-publics/104000143/.
6. www.bpi.fr/fr/professionnels/collections_et_services2/carel_ressources_electroniques.html.

« cyber-bases » – qui proposaient des activités de perfectionnement ou des initiations aux « technologies de l'information et des communications ».

En 2012, l'Observatoire du livre et de l'écrit en Île-de-France et le Conseil général de Seine-Saint-Denis ont « accompagné » quatre bibliothèques du département dans une opération de prêt de liseuses. Des questionnaires ont été distribués aux usagers. Un rapport complet de l'opération a été élaboré afin de mettre en valeur des *perspectives*. On y apprend que le personnel des bibliothèques « s'est fortement impliqué dans l'expérimentation » et que celle-ci « a permis de mobiliser l'équipe et faire bouger les mentalités[7] ». À l'échelle mondiale, ce sont des milliers de bibliothécaires qui ont participé en 2013 à une grande opération d'évaluation de l'« impact » des prêts d'e-books sur les ventes de livres et sur la reconnaissance des auteurs, à l'initiative d'un éditeur numérique. Une seule inquiétude, un seul programme : implanter *dans les temps* les batteries informatiques sur les lieux du combat, et motiver les troupes. Les résultats d'une « enquête paneuropéenne destinée à évaluer les perceptions des utilisateurs à l'égard des avantages [oubliez les inconvénients] liés aux technologies de l'information et de la communication dans les bibliothèques publiques », financée par la fondation Bill et Melinda Gates, ont

---

7. *Prêt de liseuses dans quatre bibliothèques de Seine-Saint-Denis [mars-novembre 2012] : les principaux enseignements de l'expérimentation*, www.lemotif.fr.

été présentés à la Bibliothèque publique d'information en septembre 2013. « Les résultats permettent aux bibliothèques françaises de se situer par rapport à leurs homologues européennes, de pointer leurs atouts et leurs faiblesses, et de nourrir la réflexion sur l'évolution de leur activité[8]. » On découvre, effaré, que le taux d'utilisation des ordinateurs est « étonnamment faible » dans les bibliothèques françaises, ce qui inspire à Christophe Evans, chef de la propagande à la BPI, ce commentaire déchirant : « Ce résultat est vraiment très décevant, car les bibliothèques françaises se sont mises en ordre de bataille pour s'équiper[9]. »

Démontrant que la question numérique est perçue comme un *enjeu* politique de grande envergure, et qu'elle est entrée dans les plus hautes sphères de la réflexion – là où se noue généralement notre destin –, un rapport au Premier ministre, publié en 2010, s'engageait « pour un livre numérique créateur de valeurs[10] ». Plus récemment, le rapport Lescure *Acte II de l'exception culturelle à l'ère numérique* dressait un terrible constat : « L'offre numérique en bibliothèque, aujourd'hui très peu développée, n'est pas à la hauteur des missions de ces institutions

8. Hélène Girard, « L'usage des ordinateurs dans les bibliothèques peut encore progresser », 9 septembre 2013, www.lagazettedescommunes.com/.

9. *Ibid.*

10. Christine Albanel, « Pour un livre numérique créateur de valeurs », ministère de la Culture et de la Communication, 2010, www.ladocumentationfrancaise.fr/rapports-publics/104000189/.

et des attentes du public[11] » et préconisait des
remèdes rapides à cette odieuse insuffisance. Pour
enfoncer le clou, l'Observatoire de la lecture publique
déplorait dans son rapport publié en 2013 : « Le
numérique n'a pas encore trouvé sa place dans les
bibliothèques municipales[12]. » Déception générale, et
tout particulièrement des bibliothécaires *très investis*
dans le numérique. Heureusement, le président du
Syndicat national de l'édition promet de tout faire
pour « développer les offres de prêt numérique en
bibliothèque, en coordination avec les librairies ».
Optimiste, il juge que « l'édition française n'est
nullement en retard » en la matière[13].

En 2011 ont été créés l'Observatoire du numérique
et le Conseil national du numérique, ce dernier ayant
pour mission de « formuler de manière indépendante
et de rendre publics des avis et des recommandations
sur toute question relative à l'impact du numérique
sur la société et sur l'économie[14] », et où siège une
quarantaine des plus beaux représentants de l'avant-
garde innoveuse et entrepreneuse. Le *philosoft* Bernard
Stiegler y côtoie des PDG, des directeurs de banques,

11. Pierre Lescure, « Mission "Acte II de l'exception culturelle" » :
contribution aux politiques culturelles à l'ère numérique »,
ministère de la Culture et de la Communication, 2013, www.
ladocumentationfrancaise.fr/rapports-publics/134000278/.

12. Observatoire de la lecture publique, « Rapport de synthèse
statistique », 2011, 2013, www.observatoirelecturepublique.fr.

13. Discours de Vincent Montagne, assemblée générale du
SNE, 27 juin 2013, www.sne.fr.

14. www.cnnumerique.fr/home-2/.

des designers et des *business angels*. On ne compte plus les études prospectives, les dossiers et les travaux qui décrivent la « société numérique », déplorent le « fossé numérique » ou le « retard numérique », prônent la « transition numérique » et implorent l'« avenir numérique ». Lorsque la ministre Aurélie Filipetti définit le rôle des bibliothèques dans le monde d'aujourd'hui, elle parle de « service public numérique de proximité ». Bel oxymore. On ne saurait imaginer d'ukase idéologique plus clair et plus pressant.

Le plus furieux des progressistes, aux premiers âges du codex ou de l'imprimerie – si tant est que l'histoire eût jamais produit de tels énergumènes avant nous – eût été parfaitement sidéré de voir l'extrême précipitation et l'imprudence phénoménale avec lesquelles nous avons forcé l'éclosion du Printemps numérique. Toutes affaires cessantes, les bibliothécaires furent pressés de se ruer vers leur destin inexpugnable : si vous ne voulez pas disparaître, devenez les guides de l'Immatériel, les pionniers de l'Infomonde, les spationautes du web ! Le monde avait changé pendant la nuit : dès l'aurore nouvelle sonnaient les trompettes de la prophétie. Les brebis égarées du Champ documentaire infini nous suppliaient de les aider. Nous devions nous *reformater* et devenir les bergers de l'information – ultime avatar sous lequel nous pouvions accomplir notre métempsychose. Il fallait y croire et ne surtout pas réfléchir, ne surtout pas ralentir le train du changement avec des interrogations aussi futiles que : « Quel est le sens de tout cela ? » ou « À quoi bon courir après l'Infini ? ». Il n'était déjà plus temps de prendre du recul : nous étions sur orbite.

Ainsi commençai-je à subir au quotidien les accès de fureur des satyres conditionnés et connectés, jeunes ou vieux – qu'importe, ce sont tous des enfants. Ils se mirent à réclamer du wifi, du wiki, du Google, du doodle, de la dématérialisation, de la distanciation, des trucs en ligne, des applis malignes, du temps réel, du logiciel, du fil RSS, du Myspace ; et c'est avec le plus grand sérieux qu'ils semblaient considérer cette innommable quincaillerie comme la fine fleur du progrès. L'esprit critique et la mesure avaient si rapidement reflué sous l'effet de ces gadgets (dont le statut même d'outil superfétatoire, ce que montre assez bien l'usage du mot « widget[15] », ne dérange plus personne depuis longtemps), toute résistance à leur invasion avait été si vite désarmée par le bluff techno-marchand, que les bibliothèques absentes de Facebook ou de Twitter – ou n'ayant pas de blog, chose à peine croyable – se virent mises en demeure de combler au plus tôt leur coupable retard.

J'appris donc un jour que le *service com* de la bibliothèque où j'exerçais venait d'ouvrir une « page Facebook ». Je crus d'abord à quelque poisson d'avril, persuadé qu'une bibliothèque était encore un lieu auquel certaines choses – disons les plus « actuelles »,

---

15. Contraction des mots « *Windows* » et « *gadget* ».

les plus criardes, les plus incertaines quant à leur valeur et quant à leur sérieux – ne pouvaient accéder sans avoir fait l'objet d'une évaluation préalable. Je pensais encore naïvement qu'une bibliothèque pouvait très bien se passer d'un « compte Facebook » pendant deux siècles – au moins. J'ignorais à quel point la mentalité technicienne avait fait son chemin parmi nous, et combien l'influence des *cyber-pompiers*[16] avait été déterminante.

Ce que j'estimais n'être qu'émanations inutiles et putassières de la transe informatique, ils les acclamaient. C'étaient à leurs yeux monts et merveilles de la Modernité vertueuse, devant lesquels il fallait s'incliner de toute urgence, et qu'il fallait tout aussi urgemment diffuser à travers les continents. Ils récitaient qu'un site web *ouvre la bibliothèque sur le monde extérieur* ; qu'une page Facebook *offre la possibilité de multiplier les échanges entre les usagers et les professionnels* ou *incite l'usager à prendre part à la vie de la bibliothèque, en particulier les « ados »* ; qu'un blog *libère la parole, casse les murs, élargit les frontières*, etc.
Dans le domaine crucial de la recherche documentaire, le trio « Google-Wikipédia-Amazon » congédia en un tournemain nos vieux catalogues informatisés, et déprécia nos ultimes savoir-faire. Bien que nous ayons montré généralement quelques réticences, dans les premiers temps, à laisser les « moteurs » effectuer nos recherches bibliogra-

16. Voir le chapitre 8.

phiques – pour beaucoup, il s'agissait presque d'une question d'honneur –, nous dûmes nous rendre à l'évidence que l'internet était à maints égards plus performant que nos propres outils professionnels. De même, Wikipédia s'avéra, d'un point de vue pratique, plus efficace que certaines formes traditionnelles d'investigation. La boutade se répandit parmi nous que Google allait bientôt nous condamner au cimetière des éléphants. Nous grillions à feu doux.

Qu'on me permette d'ouvrir ici une petite parenthèse. D'un point de vue plus élevé, plus essentiel peut-être, il n'eût pas été déshonorant de marquer une certaine méfiance à l'égard de ces « merveilleux outils », compte tenu, d'abord, de leurs connivences profondes avec le système marchand et publicitaire, ensuite, du goût de la vitesse, de la quantité et de l'exhaustivité asséchante qu'ils ne peuvent manquer de flatter chez leurs utilisateurs. Les aspects douteux de ces prodigieuses turbines à réponses furent pour ainsi dire occultés, au profit de leurs « formidables potentialités ». La médiathèque de Lyon signa un contrat avec la société Google, tandis que la Bibliothèque nationale de France, tout en refusant de s'accorder avec la multinationale américaine, signifiait clairement son intention d'entrer dans une course à la puissance numérique. Jean-Noël Jeanneney, alors président de la BNF, décria la stratégie monopolistique de Google Books, tout en parlant à son propos de « réussite universelle » qui « rend bien des services[17] ». Il n'y eut aucune réserve authentique, parmi les « représentants de la culture », envers cette hégémonique entreprise d'indifférenciation et de centralisation du savoir. Tout le monde s'entendait pour affirmer que le projet « Google Books » était admirable, nonobstant la relative brutalité de son déploiement. Il fallut que la firme ambitieuse dévoilât ses intentions, quelques années plus tard, et qu'elle bafouât sans vergogne les droits de milliers d'auteurs pour qu'une objection à sa suprématie se fît entendre. Elle ne faisait pourtant que *suivre sa pente* – et l'on voit aujourd'hui Bruno Racine, le successeur de Jean-Noël Jeanneney, signer un marché de dupe avec l'entreprise de numérisation ProQuest, laquelle ne s'encombre pas de scrupules pour exploiter commercialement les fichiers des œuvres patrimoniales libres de droit qu'elle est chargée de numériser. Ces œuvres, sous leur forme virtuelle, deviennent ainsi la propriété d'un requin pendant dix ans. Le projet ReLIRE[18], vaste entreprise de numérisation des livres indisponibles du XXe siècle, procède du même esprit vénal et profanateur. Ultimes pieds de nez à toutes les féeries numériques où devaient régner la liberté et la gratuité les plus pures.

Bientôt, l'algorithme Google acquit dans les bibliothèques un statut on ne peut plus officiel et

---

17. Jean-Noël Jeanneney, « BNF et Google : l'insupportable tête-à-queue », tribune, *Le Figaro*, 27 août 2009.
18. Registre des livres disponibles en réédition électronique.

devint le parangon de l'efficacité documentaire. Il fit l'objet d'un enseignement rigoureux. Il suscita de nouvelles vocations. Je vis certains de mes collègues se spécialiser dans la manipulation délicate de ce qu'il fallait maintenant dénommer un *outil* – un formidable outil, bien entendu –, c'est-à-dire qu'il était naturellement exempté de faire ses preuves. Tout autre moyen d'effectuer une recherche bibliographique perdit de son attrait, quand il ne tombait pas en désuétude. *Google scholar*[19] donna une dimension académique à l'automate acéphale et emporta les dernières réticences.

De même, l'« encyclopédie participative » Wikipédia – cette énorme décharge immatérielle où, chaque jour, chaque seconde, des millions de faux savants déposent leur petit amas de fausse connaissance, cette egopédie militante incontrôlable, ce fourre-tout monstrueux auquel même des robots imbéciles sont capables de contribuer – Wikipédia, œuvre de sabotage intellectuel comme on n'en vit jamais, devint rapidement l'une des sources que les bibliothécaires n'avaient plus le droit d'ignorer. (Chateaubriand décrivit *l'Encyclopédie* de Diderot et d'Alembert comme une « Babel des sciences et de la raison[20] ». Que penserait-il, aujourd'hui, de notre immense Babelothèque *en ligne* ? – Mais la réponse à

19. Moteur spécialisé de Google qui référencie des sources de niveau universitaire.
20. *Génie du christianisme*, 1802.

cette question ne nous intéresse pas, Chateaubriand était un romantique.)

J'assistai, dans le cadre de la formation professionnelle, à une présentation de cet « outil » par deux membres souriants de la secte des wikipédiens – un professeur ventru accompagné d'une jeune femme blonde, dynamique et autobronzée. Pourquoi leur décontraction voyante et un rien captieuse me fit-elle songer à quelque protagoniste de *1984* ? Je m'efforçai toutefois de mettre mes préjugés de côté ; mais je constatai rapidement que mes préventions n'étaient pas excessives. Wikipédia révélait sa nature utopique et profondément irrationnelle. Wikipédia était d'abord un discours, une autocélébration, une *fierté*. Il semblait que, pour celui qui était prêt à admettre le présupposé de sa vertu rédemptrice, aucune de ses tares ne devait faire l'objet d'une analyse poussée. Au nom du Grand Documénisme, toutes les insanités pouvaient être commises. Je fus stupéfait de l'enthousiasme irréductible avec lequel les Gentils Révolutionnaires de l'Information nous dévoilèrent, notamment, le cloaque de vanité, de manipulation, de violence et de maniaquerie stérile où se fomentent la plupart des articles de l'« encyclopédie ». Je fus sidéré par le caractère escamoteur et policier d'un système prétendument si neutre et si « ouvert ». Chaque entrée donnait lieu à des empoignades virtuelles sous pseudonymes que des « administrateurs » ou des « arbitres », élus par une élite autoproclamée, s'efforçaient de « modérer ». Le choix d'une phrase ou d'un mot faisait l'objet d'une

« page de discussion » délirante, truffée d'insultes, de sottises et de pédanteries. Des surveillants zélés passaient plusieurs heures par semaine à chasser les actes de « vandalisme » qui sont la prérogative banale des internautes. Des correcteurs vétilleux se lançaient dans des « controverses » sans fin. Que dire, en sus, de cette page de compteurs qui indiquent, pour chaque pays, le nombre stupéfiant d'articles créés « en temps réel » ? Comment ne pas être saisi de vertige face à cette frénésie de participation dénuée de toute autorité spirituelle et de toute volonté hiérarchique ? Quelle foi peut-on accorder à cette science trouée, fluctuante, informe et anonyme ?

Tous ces faits sont pour le moins troublants ; mais ce qui l'est bien davantage, c'est la confiance béate avec laquelle nous accueillons le Nouveau sans nous autoriser un seul instant de recul et d'objectivité. La réflexion que se faisait Goethe, vers le milieu du XIXe siècle, semble écrite pour nous :

> « Je regarde comme le plus grand mal de notre siècle, qui ne laisse rien mûrir, cette avidité avec laquelle on dévore à l'instant tout ce qui paraît. On mange son blé en herbe. Rien ne peut assouvir cet appétit famélique qui ne met rien en réserve pour l'avenir[21]. »

---

21. *Maximes et Réflexions*, 1833.

Si nous lisions plus souvent les grands inventeurs du passé, nous verrions qu'ils éprouvaient presque tous une certaine aversion pour la « diabolique rapidité » du progrès. Contrariante observation ; mais on dira qu'il y a toujours eu... que le progrès, finalement, a toujours... et que toujours on verra...

Ce qui est absolument remarquable, c'est de voir combien le système technicien a su imprimer dans tous les cerveaux, en lettres d'or, cette devise : « Le progrès est une balance qui penche toujours vers le Bien » – comme par une enchanteresse nécessité. Qu'importent les « petits inconvénients » de nos gadgets virtuels, qu'importe même si ces inconvénients précipitent le monde dans l'ordure et la bêtise, le Bien aura le dernier mot. Le progrès est une équation d'une désarmante simplicité : Technique + Avenir = Bonheur. Quelques millénaires de civilisation peuvent bien être sacrifiés à la Parousie numérique. On solde. Tout doit disparaître.

7

Notule sur le bluff des « e-cunables »

Depuis l'an 2000, nous savons tout. Nous vivons dans une lumière intégrale. La fresque de l'histoire est tout entière déroulée sous nos yeux ; et d'un doigt précis, nous décernons les titres de gloire et d'indignité aux personnages de ce grand portrait collectif, selon qu'ils ont servi ou contrarié les desseins du Progrès. Nous marquons les sceptiques et les timorés d'un trait noir. Le vieil atrabilaire, par exemple, qui osa douter un jour des bienfaits de l'écriture et qui, obtusément, prophétisa la perte de la mémoire individuelle et la manipulation des textes, celui-là mérite notre plus grand mépris. Il se nommait Platon. Qui se souvient de lui ?

De même, qui se souvient de l'*Éloge des scribes*, dans lequel un dénommé Jean Trithème, épouvantable abbé de Sponheim au XVIᵉ siècle, exhortait les moines à copier des livres, car le pauvre fou doutait que l'imprimé fût un support de conservation aussi résistant que le manuscrit ? Qui se souvient que l'installation des presses dans les monastères fut accueillie souvent comme un progrès peu compatible avec la méditation et l'esprit de charité ? Qui se souvient des esprits renfrognés qui présageaient la mort de la foi ou de la vraie culture sous les coups de la machine à imprimer, à l'exemple de l'humaniste italien Niccolò Perotti, qui écrivait en 1471 : « [...] À présent que n'importe qui est libre d'imprimer ce qu'il veut, on ignore souvent le meilleur et on écrit au contraire, simplement pour le divertissement, ce qu'il serait préférable d'oublier, ou, mieux encore, d'*effacer* de tous les livres[1] » ? Tous, ils ont été démentis par le réel, et fort justement précipités aux oubliettes de l'Histoire.

Nous avons nous aussi nos Platon et nos Jean Trithème, qui stigmatisent le numérique et refusent de voir ses innombrables bienfaits. Ils refusent de comprendre que nous sommes entrés dans la divine période des « e-incunables » (que pour notre part nous préférons nommer plus *hybridement* les « e-cunables »). Lorenzo Soccavo, inventeur du concept, au surplus blogueur de pointe et « chercheur en prospective du livre » (et dont la parole, à ce titre, mérite notre respect), l'affirme audacieusement : entre 1450 et 1501 – période des « incunables »,

---

1. Citée dans : Robert Darnton, *Apologie du livre*, Gallimard, 2010, la lettre de Perotti est devenue un véritable argument d'autorité du paradigme numérique. On la retrouve aujourd'hui citée *urbi et orbi*.

berceau de l'imprimerie –, la copie manuscrite a été définitivement remplacée par la technique nouvelle ; entre 1971 et 2022 – période, donc, de la Nativité numérique –, le Roi-Livre est renversé de son trône séculaire[2]. Un enfant trouverait par lui-même la conclusion de ce stupéfiant syllogisme : si le numérique est une « troisième révolution », s'il n'est que la résurgence mimétique d'un passé glorieux, et si sa nature, si ses causes et ses effets sont parfaitement identiques à ceux de l'imprimerie, il découle que seuls sont de mise à son égard un enthousiasme et une confiance infaillibles.

« Il faut transgresser tout ce que nous croyons savoir du livre et de la lecture », écrit Soccavo[3]. « Le livre du troisième millénaire sera peut-être un état de l'humanité, constitué de particules chargées d'ions et d'électrons », rêve Soccavo[4]. Quoi qu'il advienne après la mort du livre, l'avenir est gros d'espérances et de promesses, l'avenir est un ciel étoilé ; et la preuve qu'il est déraisonnable de ne pas s'abandonner à cette exaltante rêverie, c'est l'imprimerie elle-même. C'est l'histoire de la technique en général, qui n'a jamais cessé de démontrer l'absurdité de toute *réaction*. A-t-on jamais inversé le mouvement de la Roue créatrice ? Olivier Rey souligne avec pertinence cet aspect du discours progressiste moderne qu'

2. *De la bibliothèque à la bibliosphère*, Morey éditions, 2011.
3. « Vers le biolivre ou le plasmabook ? », 22 janvier 2012, ple-consulting.blogspot.fr.
4. *Ibid.*

« au lieu de mettre en avant la radicale nouveauté de la technique concernée on s'applique à
nous montrer, au contraire, qu'elle s'inscrit dans
l'absolue continuité de ce que l'homme, et même
la nature, font depuis la nuit des temps. Les objections n'appellent donc même pas de réponses, elles
sont sans objet[5] ».

Il y aurait cependant bon nombre d'objections à
apporter au parallélisme bluffeur des numéricophiles.

Quand on dit que la « révolution numérique » est
la même chose que la « révolution de Gutenberg », on
n'a vraisemblablement raison que sur deux points :
ces deux mutations entraînent le passage définitif
d'un mode de lecture à un autre, et ce passage dure
environ cinquante ans (si l'on en croit la prédic-
tion de Soccavo quant au terme de la période des
« e-cunables »). Ajoutons qu'il y eut des « résistances »
au développement de l'imprimerie, et qu'il y en
a de même à la grande dématérialisation. Pour le
reste, il est bien difficile de leur trouver des points
communs ; et l'on peut même discerner entre elles,
pour peu qu'on essaie d'y réfléchir, des dissemblances
profondes.

Il n'est pas question, dans ce petit ouvrage, de
s'aventurer en dilettante sur le terrain éminemment
complexe de l'histoire du livre et de l'imprimerie.

5. « Nouveau Dispositif dans la fabrique du dernier homme »,
Conférence, 34, 2012.

Il ne s'agit que d'effleurer le problème sous un angle extrêmement limité, et d'exprimer un doute face à quelques affirmations actuelles qui peuvent nous sembler bien imprudentes, et volontairement simplistes. La théorie qui veut que tout se répète et qu'il n'y a pas lieu de s'alarmer d'un changement, parce qu'il est identique à tous les changements du passé, s'oppose à une évidence : deux phénomènes se produisant à cinq cents ans d'intervalle doivent être resitués dans leur contexte. Or, le contexte qui a déterminé l'apparition de l'imprimerie diffère beaucoup, et c'est presque un euphémisme, de celui qui a engendré le livre numérique.

L'imprimerie est enveloppée dans les mouvements intellectuels et spirituels de la Chrétienté, de la Réforme et de la Renaissance italienne. Elle est profondément imprégnée des élans vers la foi, la liberté et l'universalité. Elle est une technique, cela va sans dire, mais aussi un art, dans cette mesure où elle sert des fins qui dépassent le cadre étroit de la stricte utilité. Le livre imprimé du XVᵉ siècle doit susciter l'admiration. Les premières bibles imprimées par Gutenberg veulent imiter les bibles manuscrites ; elles sont ornées d'enluminures et parfaitement typographiées. Les incunables sont remarquables par le soin et le goût de la forme qui ont été apportés à leur fabrication. (Nous pensons d'ailleurs à l'effort des liseuses modernes pour ressembler aux livres imprimés : si l'histoire se répète, cet effort ne se poursuivra pas, et l'originalité propre du numérique finira par s'imposer.)

Dans quelle *ambiance spirituelle* est né le livre numérique ? Quelle est la force culturelle qui prédomine en 1971, et qui insuffle son esprit à la nouveauté technique ? Est-elle la même qu'en 1450 ? C'est toute la question ; car si l'esprit de ces deux moments est profondément différent, leurs œuvres et leurs manifestations le seront également du point de vue de l'histoire.

Une des principales caractéristiques de l'imprimerie fut « d'attester la profondeur du sentiment religieux des hommes de la seconde moitié du XVe siècle[6] ». Elle contribua d'abord à conforter les assises culturelles de son époque ; elle décupla les forces préexistantes, exalta l'esprit du temps.

> « Dieu souffre parce qu'une grande multitude ne peut être atteinte par la parole sacrée. La vérité est captive dans un petit nombre de manuscrits qui renferment des trésors. Brisons le sceau qui les lie, donnons des ailes à la vérité, qu'elle ne soit plus manuscrite à grands frais par des mains qui se fatiguent, mais qu'ils volent multipliés par une machine infatigable et qu'ils atteignent tous les hommes. »

Ces mots sont attribués à Gutenberg lui-même[7]. « C'est le lecteur qui a fait le livre[8]. » C'est le Désir

---

6. Lucien Febvre, Henri-Jean Martin : *L'Apparition du livre*, Albin Michel, 1958.

7. Cité dans : Alphonse de Lamartine, « Gutenberg », *Vie des grands hommes*, t. 2.

8. Lucien Febvre, Henri-Jean Martin, *ibid.*

qui a trouvé son porte-flambeau ; et le succès de la
presse à bras dès les années 1450 ne peut s'expliquer
que par cette formidable poussée interne d'un besoin
d'expansion – ce que Thierry Maulnier formulait
ainsi : « L'imprimerie a répandu le besoin de lire. Mais
c'est du besoin de lire qu'était née l'imprimerie[9]. »
La nouvelle bourgeoisie croyante de l'époque aspire
à la lecture ; elle *manque* de livres. Elle souffre de
ce manque. À quoi comparer cette vague intérieure
dans le monde occidental des années 1970 ? De quels
poids l'e-book nous allège-t-il ? De quelles ténèbres
nous délivre-t-il ?

Certes, il ne faut pas sous-estimer les effets de
l'imprimerie sur la création d'idées et de théories
nouvelles, comme l'a abondamment démontré
Elizabeth L. Eisenstein. « L'enrichissement du
fonds de lecture, dit-elle, encourageait également les
combinaisons et les permutations intellectuelles[10]. »
Les « schémas de diffusion de la culture » ont été
bouleversés par la machine – autrement dit, il serait
faux d'affirmer que l'imprimerie, contrairement
à l'informatique, fût totalement dénuée de cette
autonomie qu'Ellul attribue à la technique moderne.
L'imprimerie, du seul fait de son *engrenage*, « a suscité
la transformation radicale des conditions de la vie
intellectuelle de la civilisation occidentale et ses effets

9. *Le Dieu masqué*, Gallimard, 1985.
10. Elizabeth L. Eisenstein : *La Révolution de l'imprimé dans
l'Europe des premiers temps modernes*, La Découverte, 1991.

furent ressentis, tôt ou tard, dans tous les secteurs de la vie des hommes[11] ». Elle a créé les conditions de la Réforme et de l'expansion des Lumières ; elle a irréversiblement modifié la « communication au sein de la Communauté du savoir » ainsi que « les schémas de la continuité et du changement qui avait alors cours[12] ». Cette interprétation, qui nous semble absolument juste, sert a priori le discours du technophile contemporain, qui a beau jeu d'en déduire, encore une fois, l'identité de toutes les évolutions, et l'obligation morale qui nous est imposée par l'histoire de nous plier aux conséquences du progrès, quelles qu'elles soient. Le numérique, prétend-il, n'est pas plus tyrannique, ni plus aveugle que ne l'était l'invention de Gutenberg. La technique a toujours infligé au monde une certaine violence ; mais *in fine*, elle a toujours porté des fruits bienheureux.

L'imprimerie eut des conséquences positives immédiates, louées dès son origine par les lecteurs du xve siècle. Elle fut nommée « l'art divin » par l'archevêque de Mayence, la « mère commune de toutes les sciences » par les Frères de la vie commune de Rostock ; et l'Église s'empara très vite de cette invention à ses propres fins. Ses avantages indéniables furent tout aussi promptement reconnus par le monde universitaire. Quant aux réticences qu'elle provoqua, il serait parfaitement insensé de les apparenter aux critiques actuelles du « nouveau support », et de les

11. *Ibid.*
12. *Ibid.*

ranger toutes dans l'éternel conservatisme d'une frange de l'humanité.

Il est évident que les ravages du numérique, tels qu'ils sont analysés et décrits de nos jours par un ensemble varié d'esprits rationnels, sont sans commune mesure avec les inconvénients attribués hier à l'imprimerie. Cela tient au fait que la technique nouvelle n'est plus un simple outil au service de l'homme, qu'il utiliserait en vue d'une finalité supérieure, mais *l'excroissance indomptable de son incapacité à produire toute espèce de finalité supérieure.* La technique nouvelle, emportée par son seul mécanisme interne, se développe en tous sens, indifférente à ce qu'elle écrase sous ses pieds de colosse énucléé ; et parce qu'elle ne répond à aucune nécessité spirituelle, elle prend le plus souvent une forme inadaptée et mortifère. Parce qu'il n'a jamais existé dans le cœur de l'homme aucun « désir du numérique », la technique nouvelle s'est autoengendrée pour aboutir à sa pleine puissance destructrice. Ainsi s'étendent peu à peu les ruines de la lecture, pilonnée par l'image captivante et stérile des écrans de toutes sortes ; ainsi l'œil se fatigue, le cerveau se désorganise, l'attention et la concentration diminuent, la mémoire s'atrophie et la culture gèle ; ainsi, avec le numérique, « un lecteur moyen peut devenir un lecteur lent[13] », il devient difficile « d'aller au-delà d'une lecture d'information vers

13. Thierry Baccino, « Lecture numérique : lecture augmentée ou diminuée ? » in « Les métamorphoses numériques du livre », colloque, 2010, www.livre-paca.org.

une lecture d'étude[14] », un « nouvel ordre des sens[15] » se crée, dans lequel le spectateur, l'« homo videns » dépourvu du langage et confronté à l'instabilité et à la superficialité du texte numérique, s'engage dans un « gigantesque processus collectif d'oubli », de désarticulation du savoir et de *déréalisation*.[16]

Nous n'assistons pas à un accouchement, à une grande libération sur le modèle de l'imprimerie, mais bien plutôt à une guerre éclair contre la civilisation de l'imprimé, menée par les Croisés furieux de l'Église d'ignorantologie. S'il fallait absolument trouver des points de comparaison dans l'histoire, on serait mieux inspiré de les chercher à toutes les époques où un mouvement révolutionnaire s'est mué en oppresseur et en purgateur mémoriel. Les nouvelles techniques de lecture ne sont pas en elles-mêmes des nuisances absolues – personne ne dit cela –, mais elles le deviennent parce qu'elles sont aux mains de fous qui pourraient tout leur sacrifier. Les religieux du XVe siècle n'étaient sans doute pas ce que nous appelons aujourd'hui des « technophiles », et l'on peut être sûr qu'ils éprouvaient une saine méfiance à l'égard de la nouveauté – ce qui rend le « bluff des e-cunables » d'autant plus comique – ; ils comprirent toutefois dans quelle mesure l'imprimerie pouvait

14. Alain Giffard, « La lecture numérique peut-elle se substituer à la lecture classique ? » in « Les métamorphoses numériques du livre », colloque, 2010, www.livre-paca.org.

15. Rafaele Simone, *Pris dans la toile : l'esprit aux temps du web*, Gallimard, 2012.

16. *Ibid.*

diffuser la culture religieuse sans la pervertir ou sans corrompre les conditions de sa réception. Ils virent en quoi le livre imprimé augmentait leur champ d'influence et n'imaginaient même pas que leur autorité morale pût être remise en question par les effets d'une machine – et même s'il advint plus tard que la « science des sciences » contribuât à l'éclatement de la Chrétienté – notamment par l'effloraison des langues nationales –, ainsi qu'à l'essor de l'esprit critique, la machine de Mayence n'en fut que davantage un ferment de culture à part entière, un « auxiliaire » de l'humanité, certes puissant, mais pas au point d'interrompre et de subjuguer sa quête.

Il est symptomatique de notre époque, quant à elle véritablement technolâtre, d'être incapable de comprendre que plus la technique est puissante, plus elle demande à être maitrisée et canalisée dans un sens que *nous* aurions défini, que *nous* aurions désiré. Sans quoi, elle nous échappe et se retourne contre nous ; sans quoi elle nous étourdit et nous asservit. Maintenant que les écrans nous ont déjà brûlé la cervelle et mathématisé l'âme, il ne reste plus aux vendeurs de ce XXIe siècle qu'à apposer un *label qualité* sur la grande déchetterie numérique. Il ne reste plus qu'à inventer des légendes faustiennes, des mythes techno-bibliques. Il faut *récupérer* les grandes œuvres de l'histoire à son profit ; il faut inventer des généalogies sublimes, fussent-elles d'une évidente ineptie – sinon, quel digne enfant de Gutenberg pourrait consommer sans rechigner autant de vains simulacres ?

8

Les cyber-pompiers

Le papier brûle à la température de 451 degrés Fahrenheit ; et dans le monde inventé par Ray Bradbury, les brasiers de livres sont allumés par des pompiers-pyromanes. Dans notre monde, dans le monde soi-disant réel, le papier entre en combustion à 3.0 Zuckenberg ; et nos Érostrate ambulants sont les gardiens du Livre eux-mêmes.

J'ai évoqué précédemment ces bibliothécaires du Vieux Monde qui tâchent, bon an mal an, de démontrer leur jeunesse éclatante et leur intérêt prononcé pour la chose informatique. Ils sont souvent ridicules, mais rarement dangereux. Ils ne le seront jamais autant, c'est certain, que la soldatesque infernale matricée chaque année dans la pompeuse École nationale des sciences supérieures de l'information et des bibliothèques. Chaque année, plusieurs dizaines d'élèves y reçoivent une formation sévère à l'anéantissement méthodique du livre. Ils constituent l'élite de l'Armée d'Incinération Populaire ; ils en sont la cavalerie légère et l'infanterie de ligne. Chaque année, plusieurs légions flambantes de ces précurseurs sont envoyées sur le front des siècles, où elles combattent valeureusement les troupes d'Hier en brandissant l'oriflamme de Saint-Avenir. Laissez-moi vous dépeindre le sapeur normal de cette ardente légion, tel que je l'ai rencontré, et tel qu'on en voit désormais partout des clones impeccables.

Le cyber-pompier frais émoulu de son séminaire iconoclaste, pour être parfaitement honnête, a l'air de tout sauf d'un enragé. Il a des petits airs de *friend* poupon et narquois. Des airs penchés. Il a de l'humour – plutôt pince-sans-rire – et connaît les tirades des Monthy Python par cœur. On dit qu'il a *l'air sympa* ; et puis on est rassuré qu'il s'exprime un peu comme un sociologue altermondialiste. Il pense bien. Ses idées sont irréprochables. Visage de miel, esprit rebelle. Des colères joufflues, parfois, lui font perdre sa candeur : il fulmine contre les dérives ultra-droitières et les montées de l'intolérance. Vraiment. On y croirait. Un Jean Moulin en jeans moulants. Un Guy Môquet au bilboquet. Un indigné d'apéritif géant.

Il fait son entrée dans un service avec une admirable aisance. Il est poli, évidemment souriant – comme tous les bourreaux de l'optimisme – ; il vous adresse la parole avec un naturel et une simplicité qui vous désarment. Il est là depuis quelques

semaines, et déjà semble avoir été toujours là, et
même bien avant vous ; il connaît déjà tout, mieux
que vous, et quand il lui arrive d'ignorer quelque
chose, il ne l'ignore jamais vraiment (et quand bien
même il l'ignorait vraiment, ce qui l'étonne, il en
aura bientôt une connaissance plus intime que la
vôtre – il est en *apprentissage automatique*). Tout le
monde l'adopte. Il est à la fois brillant et *accessible* ;
et l'on apprécie tellement qu'il soit brillant tout en
étant accessible, et accessible tout en étant brillant – c'est si rare. Il a tout. Il charme. Il endort
toute méfiance. Il s'adapte avec une habileté et une
souplesse de sapajou d'autant plus performantes
qu'elles sont imperceptibles – du moins à l'œil naïf
ou inexpérimenté. Les courtisans de l'ère numérique,
tout particulièrement, se laissent aisément séduire et
aveugler : ils sentent que ces jeunes recrues portent
avec elles les espoirs de la Révolution en marche,
dont ils espèrent tirer des bénéfices.

Le cyber-pompier, quant à lui, n'a besoin de personne. Il est venu accomplir sa mission de sabotage,
il voit les obstacles, il vaincra. Très vite, il trouve
sa place au sein du groupe, planifie son action, et
concocte en secret sa bombe idéologique. Caché
derrière son ordinateur, il organise la *transition* vers
les « nouveaux métiers », coupant ici, tranchant là,
dans le vif des vieilles habitudes, qu'il hait tout autant
parce qu'elles sont vieilles que parce qu'elles sont des
habitudes. Il *clique* les opérations d'une main sèche,
sans mélancolie ni faiblesse, et s'impatiente devant
toute forme de contestation, révélant une facette

moins bonasse de sa juvénile personnalité. On le découvre assez intransigeant, légèrement obtus, et même imperceptiblement autoritaire. On le regardera d'un autre œil.

Pas un instant, il ne se conçoit comme ce que l'on nommait jadis, en des temps plus que médiévaux, un « bibliothécaire » : il se pense Ingénieur de la connaissance et de l'information, docteur ès bibliothéconomie – option bibliométrie[1] – ; et s'il accepte d'intégrer ce corps de métier vétuste, c'est uniquement sous l'habit carnavalesque du « bibliothécaire 2.0 » ou du « bibliothécaire hybride ». Par une certaine ironie de l'histoire, le terme de « conservateur », qui dénomme le « cadre supérieur » des bibliothèques, désigne aujourd'hui le renégat sans-gêne de la bibliophilie. Le bibliothécaire 2.0 ne veut rien conserver, surtout pas les livres. Il veut faire table rase. L'oubli est son métier, le remplacement sa vocation. Bougiste pratiquant, il a la fibre managériale. Il ne jure que par les « évaluations continues » ou les « plans de développement » ou encore la « gestion dynamique des collections », et n'a d'autre ambition que de *rattraper le retard que nous avons pris sur les projets novateurs en matière de dématérialisation des supports*. Le monde est toujours en retard sur lui ; mais son optimisme festif et sa jeunesse confiante ne feront qu'une bouchée des archaïsmes. Dans son

1. Application des méthodes statistiques et mathématiques à des ensembles de références bibliographiques.

« mémoire d'étude », il a rédigé cette belle conclusion
qui lui a valu les félicitations du jury :

> « La bibliothèque possède beaucoup d'atouts :
> elle est une institution clairement identifiée au cœur
> des territoires, appréciée du public, remplissant
> un vrai rôle culturel et social en ces périodes de
> difficultés économiques et de désenchantement du
> monde. Il est donc d'autant plus essentiel pour elle
> d'évoluer, de s'aventurer vers d'autres voies sans
> toutefois perdre son identité, sous peine de devenir
> une institution « mausolée », pétrifiée dans ses prin-
> cipes : connue de tous mais largement isolée. Aussi,
> en accord avec sa nature même, la bibliothèque ne
> peut s'inscrire que dans le mouvement. »

Son langage est celui de la technique. Il pense que
les *formats ouverts* et les *logiciels libres sont un excellent
moyen de mettre en place une vraie médiation numérique,
ou que la bibliothèque physique doit être systématiquement
enrichie d'un double virtuel où se jouera son implantation
dans la société de l'intelligence collective.* Face à lui, j'ai
deux mille ans. Je débarque de Neptune. Je parle
en langue neptunienne. Nous ne pouvons pas nous
comprendre. Lorsque j'ai l'occasion de m'entretenir
avec lui, dans un bureau, un couloir ou une salle
de réunion, je me sens radicalement étranger à son
univers mental. Il me dit : « Moi je milite à fond pour
l'Open Source. » Que répondre ? J'en verserais des
larmes de perplexité. Il me dit encore : « L'avenir, c'est
le podcast, si tu veux mon avis. J'y crois beaucoup. »
Et si je lui répondais que je n'ai toujours pas de

téléphone portable, afin de le voir s'étrangler avec son Coca light ? Ses lubies m'indiffèrent ; son baratin m'assomme. Impossible de s'inquiéter pour le *passage des catalogues au web sémantique et au Linked data par l'usage des RDF et des FRBR*, ou d'écouter sans bailler *les réflexions actuelles sur les avantages du Dublin Core au niveau de l'interopérabilité des données*, ou sur *la pertinence du format WARC (ISO 28500) pour l'archivage du web*. Comment ne pas ressentir une saine répugnance pour les chinoiseries du *protocole OAI-PMH, qui permet aux bibliothèques numériques d'exporter leurs références vers des méta-catalogues ou des portails spécialisés* ? Comment se résoudre à entacher sa langue et son esprit d'« URI déréférençables », de « protocole http », d'« encodage des données en OWL », d'« Opencatalog » ou de « bases de triplets interrogés par SPARQL Endpoint » ? Dialecte affreux des vandales technoïdes…

Il n'y aurait peut-être aucune raison de s'insurger, aucune raison de se *replier*, si le néo-bibliothécaire hybridé se contentait de faire sa dînette en hologramme sans déranger les adultes, s'il bricolait sagement dans la salle des machines sans chercher à influer sur le destin du monde. Nous pourrions alors le considérer comme un agent utile de la « modernisation » – si tant est qu'on désire absolument se conformer à l'injonction de se moderniser –, mais l'arrogant se présente en rédempteur et en berger. Il veut convertir ses collègues un peu trop frileux, un peu trop *rigides*. Il ne doute jamais, car il est l'émissaire du Bien définitif. Il se proclame engagé, *militant de l'accès démocratique au savoir dans un monde ouvert et connecté*, et instigateur d'un *nouvel esprit de partage des connaissances au sein de la Communauté virtuelle*. Pour lui, ces merveilles ne peuvent être que le résultat de toujours plus de perfectionnement technique, toujours plus de gadgétisation du monde. D'ailleurs, il vit dans le royaume des gadgets, dans le *temps* des gadgets. Il croit que la civilisation est née avec l'apparition du wifi. Avant ? Il n'y avait rien. Toutes ses années d'études – il a fait khâgne, les Chartes[2] et Sciences-Po –, toute sa science accumulée ne lui ont pas donné la moindre aptitude critique, ni le sens de l'essentiel, ni même quoi que ce soit qui pourrait ressembler à cette faculté de discernement par excellence, je veux dire : le goût.

Ce geek rebellocrate, fan de convivialité ludique sur Facebook, adepte du *vivrensemble* sur Twitter, se rêve en Webmagister du Nouveau Monde électrolyrique. Il fait de la politique sur internet. Milite par pétitions en ligne. *Crée du lien* sur les forums de discussion. Participe et *interagit* grâce à son blog sur les bibliothèques et les fraises Tagada. Provoque et fait réagir avec son *webzine culturel*. Collabore à l'édification du Savoir universel sur Wikipédia, dont il est l'un des contributeurs les plus actifs, et dont il ne cesse de faire la publicité. Il en attend

2. L'École nationale des chartes, grande école spécialisée dans les sciences auxiliaires de l'histoire. De nombreux conservateurs des bibliothèques en sont issus.

des bouleversements qui feront date. Il espère que tout évoluera bientôt comme à l'intérieur d'une Wikisphère géante. Et que les frileux quittent leur monde révolu pour danser autour du même totem, ou bien qu'ils consentent à *faire place*.

9

Archaïques *vs* progressistes

Un jour qu'un professeur grisonnant s'approchait calmement de moi, un livre à la main, pour procéder à son emprunt, un jeune « doctorant » arriva au même moment derrière lui. Son pas était énergique et son allure infatuée. Il regarda son aîné avec une sorte d'admiration obséquieuse et vaguement défiante ; puis, considérant le livre que je venais de *démagnétiser*, avança le torse et déclara, sûr de son effet : « Vous savez qu'il existe aussi en e-book ? » Le chercheur, sans même prendre la peine de se retourner, haussa simplement les épaules et murmura en emportant l'ouvrage : « Je préfère encore les livres. » Le disciple en fut tout décontenancé. L'e-book ne retenait donc pas l'attention de cet homme vénérable ? Non, il s'en désintéressait parfaitement. Il ne le méprisait même pas, il l'ignorait, n'avait aucune forme de désir pour lui.

On raconte que Ray Bradbury, lui non plus, ne voulait pas entendre parler des e-books. Il affirmait peu avant sa mort : « Il n'y a pas d'avenir pour les livres numériques, car ce ne sont pas des livres ; les livres numériques sentent le carburant brûlé » ; et il ne consentit jamais à voir *Fahrenheit* immolé de son vivant. Il considérait l'internet comme une « grande distraction » et préféra toujours sa vieille machine à écrire à l'ordinateur. L'hostilité de Milan Kundera – autre baderne quinteuse – est peut-être plus grande et plus sombre encore. Confessant son angoisse de voir disparaître sous peu les livres et les bibliothèques, il interdit formellement l'adaptation numérique de ses œuvres, « pour qu'on les lise uniquement sur papier, non sur un écran[1] ». Des écrivains du landerneau médiatique tels que Frédéric Beigbeder et Yann Moix, plus étonnamment, se lancent eux aussi dans des diatribes gérontosophiques sans appel contre les cyber-livres. Ils passent ainsi de l'autre côté de l'écran, dans le cloaque des presque morts et des gâteux, et ce doit être une expérience étrange pour eux que de subir le mépris qu'on réserve à tous les esprits inactuels et chagrins.

Un gouffre de même nature existe désormais, dans les bibliothèques, entre les « vieux » qui ont lu, lisent et savent qu'ils liront encore, parce qu'ils « préfèrent encore les livres », et les adeptes du nouveau sous

1. Pierre Assouline, « L'angoisse de Milan Kundera », 17 juillet 2012, passouline.blog.lemonde.fr.

toutes ses formes, les « jeunes », qui peuvent déjà ou pourront se passer un jour des livres imprimés. Bien sûr, ce n'est pas nécessairement l'âge qui distingue ces frères ennemis : on rencontre des vieux d'à peine 35 ans, et des jeunes sexagénaires. En vérité, les « vieux » se caractérisent par leur mentalité archaïque, tandis que les « jeunes » sont modernes. « Archaïque » signifie aussi, tour à tour : dépassé, inhibé, replié, peureux, réactionnaire, idiot ou romantique ; « moderne » s'emploie pour désigner l'individu positif, optimiste, bien portant, ouvert, dynamique, adaptable et créatif. L'archaïque est sédentaire, réfractaire et frileux ; le moderne est enthousiaste, mobile et audacieux. L'archaïque s'enferme dans une « vision idéalisée du passé » qui l'empêche d'aller de l'avant ; le moderne est « en accord avec son temps » et marche aux côtés du progrès sans appréhension ni méfiance excessives.

Le bibliothécaire archaïque aimerait donc préserver sa conception révolue des bibliothèques comme « coffres à livres de papier ». Il est, dit-on, « attaché à l'objet-livre ». Pourquoi ? Eh bien, par archaïsme. Par refus irrationnel. Par blocage. Le bibliothécaire archaïque est le syndicaliste de l'in-folio, le défenseur crispé du régime particulier du codex, le gauchiste du *book*. On ne sait plus très bien ce qu'il défend, sinon le mythe paginé qui nourrit son imaginaire élitiste, et pourquoi il le défend, sinon par souci de maintenir sa position privilégiée de héros dans ce mythe poussiéreux. Le bibliothécaire moderne, le wikithécaire, ne comprend pas les « crispations » de l'archéothécaire. Il pose vigoureusement la question :

« Le livre va disparaître ! Et alors[2] ? » Cet événement, qu'il juge certain – et en cela se montre-t-il moins faussement candide que bien d'autres –, ne lui paraît pas devoir être considéré comme une catastrophe, le monde survenant après le livre ne l'effrayant nullement, au contraire. « Au littéraire au cœur tendre qui vient pleurer sur l'éventuelle disparition du codex, l'historien répond : "Et alors ? Les tablettes d'argiles et de cire et les rouleaux de parchemin aussi ont disparu"[3]. » Il affirme : « Une œuvre n'est pas moins belle ni intéressante sur tablette électronique » ; il ne sait pas ce qu'est « Le Livre[4] ». Il est las de toutes ces complaintes nostalgiques, de tous ces accès de sentimentalisme et de respect superstitieux à l'égard d'un objet mille fois désacralisé. Lui, il scrute l'horizon perlé de *spotlights*. Il rêve d'un techno-paradis new age où la Connaissance universelle se transmettra de la Machine Centrale à tous les hypercerveaux humains sous perfusion numérique. Il est moderne. L'archéothécaire ne l'est pas, et ne le sera jamais. Il est *devenu* vieux et s'est résigné à le demeurer longtemps. Peut-être même l'a-t-il toujours été. Peut-être était-il déjà un vieillard en culottes courtes quand il pénétrait dans le silence feutré de sa première bibliothèque, dans ce silence peuplé

2. Rémi Mathis, « Le livre va disparaître ! – Et alors ? », 28 mai 2010, alatoisondor.wordpress.com. Rémi Mathis est conservateur des bibliothèques, blogueur et fut président de Wikimédia France entre 2011 et 2014.

3. *Ibid.*

4. *Ibid.*

de tous les murmures des œuvres qui l'appelaient secrètement, et vers lesquelles il s'avançait le cœur rempli de crainte et de jubilation.

Nous, les bibliothécaires surannés, sommes toujours en retard sur nos pimpants collègues. Tandis que, pendant les réunions, nous prenons des notes avec un papier et un crayon, ils tapent sur le clavier de leur ordinateur portable, qu'ils transportent d'ailleurs partout. Alors que nous oublions l'heure de nos rendez-vous, ils n'oublient jamais rien car ils tiennent à jour un agenda électronique et reçoivent des « messages de rappel ». Nous imprimons des documents pour pouvoir les lire, ils n'impriment que le strict nécessaire – c'est plus écologique, plus pratique et plus ergonomique. Nous emmagasinons des dossiers sur nos disques durs, peinant à les retrouver dans ce qui nous semble être une vastitude amorphe ; ils ont tout enregistré sur une clé USB personnelle, judicieusement classée en multiples dossiers, dont ils ne se séparent jamais. Nous passons des heures à bricoler des tableaux rudimentaires avec *Word*, ils pondent des *Google Docs* et des *slides Powerpoint* rutilants en une poignée de minutes. Nous utilisons les fonctions « répondre » et « supprimer » des messageries électroniques, ils en connaissent tous les secrets les mieux gardés. De multiples couleurs et des symboles s'affichent sur leurs écrans ; les nôtres reflètent la nullité de nos progrès. Nous n'avions jamais entendu parler du logiciel *Abracadabra* ou de l'application *Hocus Pocus*, ils les maîtrisent à la perfection et se sont déjà familiarisés, bien sûr, avec leur version 7.2.

Nous sommes un peu à la traîne et nous sommes lents ; ils se sont depuis longtemps libérés de toutes les procédures *chronophages*. Nous ne vivons pas exactement dans la même temporalité. Quelque chose nous sépare irrémédiablement malgré notre entente de façade. Nous, radoteurs, pensons que le livre de papier possède, en quelque sorte, des vertus originales, difficilement explicables, qu'il serait malheureux de perdre ; eux, esprits à moteur, ne croient pas à ce qui est difficilement explicable et ont déjà fait le deuil du papier (mais l'ont-ils jamais aimé au point d'être endeuillés par sa disparition ?). Nous travaillons ensemble, nous partageons des bureaux, nous cohabitons, mais le choc de nos conceptions du monde aura lieu à plus ou moins brève échéance. L'un des deux camps doit vaincre l'autre, et comment le pays des vieux survivrait-il au passage du soc innovateur ?

L'archaïque ressemble un peu au paysan qui regarde passer les saisons éternelles, ses deux sabots profondément plantés dans la terre, et son âme rude chevillée à la matérialité de l'existence – oui, il vit dans la matière, il *croit* à la matière. Le moderne est un oiseau, une libellule aux ailes diaphanes qui survole avec grâce et légèreté les plans polyptiques de son éther atemporel ; il innove, il crée, il avance, il transforme et bouscule ; il élève des tours transparentes, des tours miroitantes reliées à d'obscurs *datacenters* entourés de fils barbelés, sur les champs fatigués de l'antique nature ; et d'une main blanche il arrache du sol toute l'humanité paresseuse dans le geste sublime du génie libérateur, le drapeau de la Communauté planétaire dans l'autre main. Les grues numériques roulent vers la contrée perdue des lecteurs, peuplée d'arbres-livres, de romans-loups, de vignes-bibliothèques et de pages-soleils : il est temps de s'incliner devant l'Homme Nouveau. Et alors ? Finalement, où est le problème ? On oubliera. On peut tout oublier. Et l'on ne regrettera rien, car il n'y aura plus d'homme capable de se souvenir. Il n'y aura plus d'homme nostalgique. Il n'y aura plus d'amour des anciens. On ne lira plus les livres anciens.

Le bibliothécaire archaïque se prépare à prendre congé, incapable de réagir à ce mouvement titanesque dont il n'a pas eu le temps de prendre la mesure, tout occupé qu'il était, hélas – le trop humain ! – à s'adapter et à se faire une place dans la nouvelle société des savants électroniques. Je puis dire, pour avoir vu s'écraser sur nous le Grand Chantier numérique en une courte décennie, que nous avons été frappés de sidération. Nous avons été débordés, dépassés, doublés de vitesse. Le temps que nous ressentions les premiers effets du séisme, tentant péniblement de retrouver l'équilibre et de sauver notre peau, un monde achevait de s'écrouler avec ses valeurs et ses plus hautes manifestations. Quand le Livre aura totalement disparu sous les gravats, il n'y aura plus que quelques « vieux » pour le pleurer. Les autres seront devenus des habitants heureux de l'Eden 2.0, et feront semblant de se consoler en jouant au cerf-volant avec leurs « tablettes » légères comme la plume – et vides comme le néant.

10

Achevé d'imprimer

N'espérez pas vous débarrasser des livres. Ainsi s'intitule le recueil de bavardages savants entre Jean-Claude Carrière et Umberto Eco publié en 2009, et dans lequel l'universitaire italien affirme : « Le livre a fait ses preuves et on ne voit pas comment, pour le même usage, nous pourrions faire mieux que le livre. Peut-être évoluera-t-il dans ses composantes, peut-être ses pages ne seront-elles plus en papier. Mais il demeurera ce qu'il est[1]. » Le livre ayant atteint son point de perfection, comme le marteau ou la roue, il ne saurait être remplacé que par un ersatz de lui-même. Dans son *Apologie du livre*, Robert Darnton, honorable historien et directeur de la bibliothèque de Harvard, exécute un superbe numéro de contorsionniste pour exprimer à la fois cette même confiance dans l'immutabilité du codex

1. Grasset, 2009.

et son engouement pour la numérisation. Il croit que le livre numérique « viendra compléter la grande machine de Gutenberg, non s'y substituer[2] ».

Tous les optimistes de salon, tous les professeurs partagent cet avis : le livre est sain et sauf. Ou encore, prophétique : On ne fera jamais mieux que le livre. Printanier : Le livre a de beaux jours devant lui. Tenace : La mort du livre n'est pas pour demain. Vainqueur : Le livre est plus vivant que jamais. Ingénu : Le numérique n'a pas tué le livre. Insolent : Au contraire, il l'a renforcé. Opiniâtre : Rien ne pourra tuer le livre. Jamais. Oh la force indomptable du livre ! L'acharnement du livre ! Il survivra, et les bibliothèques ne mourront pas non plus. Les bibliothèques ont la vie dure, c'est certain. Elles évolueront, oui, mais ne disparaîtront pas. Elles seront *plus que jamais* utiles. Oh, le bel horizon qui se dessine pour le livre et les bibliothèques ! Oh les beaux jours !

Pourquoi alors tant d'éminents spécialistes en futurologie prédisent-ils la fin du livre de papier avec autant de conviction ? Pourquoi l'idée d'une échéance pour le livre et les bibliothèques s'est-elle propagée dans toutes les têtes – même dans celle de quelques bibliothécaires (ce qui n'est pas peu dire)[3] ?

2. Gallimard, 2010.

3. Voir ce miracle de lucidité : Madeleine Géroudet, Colette Gravier, Albane Lejeune, Amandine Pluchet, Amandine Wallon, « Les bibliothèques se cachent pour mourir », *BBF*, v. 57, n° 3, 2012.

L'informaticien Nicholas Negroponte a stupéfié les candides en posant ce constat lugubre : « L'objet-livre est mort. Dans cinq ans, il aura disparu[4] » – c'est-à-dire… en 2015. Lorenzo Soccavo, nous l'avons vu, prévoit la mort sans résurrection du livre en 2022. À ce petit jeu des pronostics, on se demande si les plus fous ne sont pas les plus doués. Presque tout le monde, au demeurant, comprend qu'il se passe quelque chose, et s'accorde à dire qu'une « mutation profonde » est en cours. Il suffit d'ailleurs d'observer le monde tel qu'il va pour s'en convaincre ; et dans le chaos des événements, quelques symptômes méritent une attention particulière.

Nous avons des yeux, alors voyons. Le papier n'est pas mort, mais on dirait bien qu'il agonise un peu. L'*Encyclopedia Universalis* et l'*Encyclopedia Britannica*, vieux emblèmes de l'érudition livresque, n'existent plus aujourd'hui que sous forme électronique. *France Soir*, le journal issu de la Résistance fondé en 1944, s'est définitivement soumis à l'Ordre numérique le 15 décembre 2011. *Newsweek* a subi le même sort en 2012. Environ 95 % des revues scientifiques sont aujourd'hui dématérialisées. On a effectué l'inévitable « passage au *e-only* » des périodiques à la bibliothèque d'Utrecht et à la bibliothèque de l'Imperial College, ce qui signifie qu'elles n'achèteront plus aucune revue de papier. Les Presses universitaires du

4. Propos tenus lors de la conférence « Techonomy », Lake Trahoe, 2010. Negroponte est chercheur et professeur au MIT.

Michigan diffusent désormais leurs publications savantes en format exclusivement électronique. En 2014, plus de cent trente éditeurs francophones se présentaient comme des éditeurs « *pure players* » ou « 100 % numérique », ou encore, si l'on veut être plus clair, 0 % papier. Assez naturellement, ils ont fondé un « Groupement pour le développement de la lecture numérique », afin de surmonter les principaux obstacles à leur irréfrénable expansion.

Le livre de papier se porte comme un charme. Admettons cependant qu'un petit nuage noir se dirige vers lui en silence. Le marché du livre numérique progresse partout de manière fulgurante. En France, il a progressé de 110 % entre 2012 et 2013. Près de huit millions de foyers français possédaient une tablette tactile en 2014. Aux États-Unis, où 40 % des livres sont aujourd'hui vendus sous forme électronique, deux enfants sur trois lisaient des e-books en 2013. Une étude récente montre que 52 % des enfants anglais âgés de 8 à 16 ans préfèrent lire sur des supports électroniques, et 32 % sur du papier[5]. Un sondage révèle que sept Russes sur dix préfèrent le livre électronique au livre de papier[6].

Le livre numérique ne remplace pas le livre imprimé, bien sûr que non. Il n'oserait pas. Une vaste organisation semble toutefois conspirer à

5. « Young people "prefer to read on screen" », 16 mai 2013, www.bbc.co.uk.
6. « Deuxième naissance du livre papier », 13 février 2013, french.ruvr.ru.

démentir ce principe intangible. Les écrans avalent le livre. Les écrans imposent le « Livre-Monde ». Google a numérisé plus de vingt millions de livres du patrimoine mondial en moins de dix ans. L'organisme Internet Archive, plus modestement, met sept millions de livres à la disposition du public. La Bibliothèque numérique française Gallica contient aujourd'hui plus de trois millions de documents. La Norvège promet que dans quelques années, l'ensemble de sa littérature nationale sera « accessible en ligne ». La lecture nouvelle est entérinée et favorisée. Des « sites de partage » fondés par des start-up offensives fournissent déjà d'immenses librairies numériques en accès illimité contre quelques euros mensuels. Irrésistible tentation de posséder l'univers dans le creux de sa main. Nous y viendrons tous.

Selon un rapport de l'American Library Association, neuf bibliothèques américaines sur dix possédaient des e-books en 2013 (76 % en 2012)[7]. Des milliers de tablettes, de liseuses et d'iPads sont déjà disponibles dans les médiathèques de France : à Chenôve, à Herblay, à Meudon, à Évreux, à Tours, à Saint-Florentin, à Janzé, à Guebviller, à Arcachon, etc., les écrans portatifs tant attendus font le bonheur des petits et des grands. Parallèlement, Amazon se transforme en bibliothèque et propose un service de prêt numérique. Des milliers de livres électroniques ont été distribués dans les écoles d'Île-de-France en 2012, à l'exemple des États-Unis, du Canada et de l'Australie.

---

7. www.ala.org.

À l'université de Clearwater, en Floride, les manuels scolaires de papier ont été intégralement remplacés par des *Kindle*. Apple et Microsoft s'affrontent déjà sur le marché des « manuels numériques ».

Le livre a un si bel avenir. Il a encore toute sa place – non ? En août 2010, la bibliothèque universitaire d'ingénierie de Stanford a ouvert avec des collections constituées d'un livre imprimé pour huit livres numériques. En septembre de la même année, la bibliothèque de technologie et d'ingénierie appliquée de l'université de Texas San Antonio devint la *première bibliothèque sans livres imprimés*. En janvier 2012, une autre bibliothèque sans livres a été inaugurée au Wellington College de Berkshire. Le 14 septembre 2013, au Texas encore, *BiblioTech* a fait son entrée dans l'histoire comme la première bibliothèque publique « 100 % numérique », *without a single print book*. « Quand on pénètre dans ce lieu, il n'y a pas de rayonnages, l'environnement est high-tech, le personnel plutôt Geek et l'espace très chic », s'extasie un blogueur du « Labo BNF »[8]. Quelques mois avant son ouverture, son concepteur, le juge Nelson Wolf, avait déclaré : « Si vous voulez avoir une idée de ce à quoi cela ressemblera, allez dans un Apple Store[9]. » Il n'exagérait pas.

---

8. « Comment fonctionne la bibliothèque sans livre imprimé de San Antonio ? », 31 octobre 2013, labo.bnf.blogspot.fr.

9. Cité dans : Nicolas Guégan, « BiblioTech : une bibliothèque sans livres », 14 janvier 2013, bibliobs.nouvelobs.com.

Les bibliothèques ne sont pas menacées, absolument pas. Elles ont le vent en poupe. Elles prospèrent. Comme en Grande-Bretagne, par exemple, où plus de trois cents bibliothèques publiques ont déjà fermé ces dernières années. Le ministre anglais de la Culture pense qu'aujourd'hui, les gens trouvent toute l'information dont ils ont besoin sur l'internet ; et la diminution d'environ 20 % de la fréquentation des bibliothèques anglaises entre 2005 et 2010 corroborait hélas ses propos. Plusieurs milliers de postes de bibliothécaires ont été supprimés. Aux États-Unis, des réductions budgétaires ont frappé les bibliothèques de Seattle, Dallas, Philadelphie, Norwich, Providence… Quarante bibliothèques de quartier ont été fermées. Au Canada, quelque vingt établissements ont été sacrifiés à la logique d'assainissement des finances publiques. En France, les effectifs de bibliothécaires s'amenuisent chaque année. Plusieurs bibliothèques de la ville de Paris sont menacées de fermeture. Des petites bibliothèques « fusionnent » à Créteil, Rennes, Grenoble, Reims, Montpellier et deviennent des « troisièmes lieux » ou des « espaces lecture ». La bibliothèque de la Cité des sciences, à Paris, est contrainte de muer en *learning center*, au profit d'un jeune public indéfini qui n'aura plus besoin que marginalement des livres et des bibliothécaires. Le budget de la Bibliothèque publique d'information ne cesse de décroître, tout comme celui des bibliothèques de l'université de Versailles-Saint-Quentin, qui ne peuvent plus acheter ni livres ni mobilier et doivent réduire leurs abonnements d'un tiers. Les

collections encyclopédiques du « Haut-de-jardin »
de la BNF, depuis plusieurs années, subissent des
coupes claires. « Espaces pro » superflus et « centres
de ressources » parasites sont les dernières fleurs
qui poussent sur ces tristes ruines. Plus exotique :
la bibliothèque de Papao, à Tahiti, n'a pas été jugée
digne de poursuivre son activité. Il y a bien mieux
à faire que de lire à Papao, n'est-ce pas ?

J'aurais pu ajouter à cette énumération le nau-
frage des librairies soumises à la concurrence du
livre numérique et de la vente à distance inéquita-
blement pratiquée par Amazon. Le phénomène est
amplement médiatisé. Chacun pourra juger, ayant
pris connaissance de ces faits plus ou moins mar-
quants, s'il est pertinent ou prématuré d'annoncer
que « Ceci tuera cela ». Entre les grands murs blancs
de *BiblioTech*, au Texas, il semble bien, pourtant, que
« Cela » ne soit déjà plus qu'un souvenir ; il semble
bien qu'à Londres, « Cela » soit presque moribond,
et que dans toutes les bibliothèques du monde où
souffle l'esprit numérique, « Cela » ne jouisse plus
de la prééminence qui fut la sienne au cours des
derniers siècles. Une bibliothèque sans livres : a-t-on
bien compris ce que cela signifiait ? A-t-on bien
compris que l'inconcevable avait déjà eu lieu ? Il est
au moins trois « hyperlieux » sur cette planète où la
sentence : « Le livre a de beaux jours devant lui » est
strictement démentie par le réel.
    Mais les mauvais augures, eux aussi, seront
démentis par la réalité de l'avenir ; et nul ne sait ce

qu'il adviendra précisément des bouleversements en cours. Toute anticipation n'en est pas pour autant condamnée à l'insignifiance – précisément dans la mesure où elle s'applique à un mécanisme apolitique et posthistorique. Nous ignorons quel type d'événement ou de réaction pourra faire capoter la machine, mais nous savons pour quoi, dans quel but elle est programmée, et nous pouvons connaître sa destination exacte, nous pouvons prédire chacun des mouvements qu'elle effectuera *tant qu'elle ne sera pas entravée* (par nous ou par la nature). C'est exactement ce qui donne tant de confiance à nos futurologues patentés quand ils nous promettent l'apocalypse du livre de papier : technique, elle est absolument prévisible. Ce qui peut être fait sera fait. Les livres et les bibliothèques seront méthodiquement et sciemment dématérialisés. Objectif : *World Bibliotech 2035*. Six siècles après les premiers travaux de Gutenberg à Strasbourg, ce sera là une date éminemment symbolique.

Quant à savoir s'il faut se réjouir ou se désespérer de cette inéluctable progression, j'ai le sentiment que cette question, aujourd'hui, est parfaitement biaisée par les détenteurs de la pensée officielle. D'une part, ils la stérilisent immédiatement à coups de banderilles modernistes telles que : « À quoi bon se désespérer de l'inéluctable ? Ne perdons pas de temps à penser contre la fatalité » ; d'autre part ils postulent que la catastrophe n'est jamais une hypothèse valable, puisqu'elle est d'essence pessimiste, comme si la vérité dépendait de ses effets agréables sur l'humeur et le système lymphatique. «Vous m'entendez accuser de pessimisme par les imbéciles. Ils feraient mieux de m'accuser de vérité », disait Bernanos.

Ces présupposés démasquent le véritable esprit des « modernes », et d'abord leur nihilisme insondable. Ils ne croient plus que l'humanité puisse contrôler sa puissance et marquer l'évolution technique de son empreinte volontaire. La Technique est leur firmament, leur absolu ; et tout projet de rendre à l'homme sa souveraineté face à elle éveille leur méfiance. Ils craignent alors le retour des grandeurs et des quêtes passées. Ils redoutent celui qui pourrait les détourner de leur médiocrité confortable et servile. C'est pourquoi ils veulent brûler les livres, qui renferment tant d'appels, qui suggèrent tant de dépassements et de conquêtes.

Il y a bien plus qu'une sorte d'acceptation fataliste du progrès dans l'utopie computationnelle : on y décèle un profond ressentiment à l'égard du Livre, et la joie inavouée de *détruire* cette idole séculaire au profit du Grand Videogame. Derrière le rêve universel de communication totale et ubiquitaire se dévoile la *vanitas*, la barbarie sans violence du dernier homme, la barbarie de la vacuité. La Tour lumineuse est érigée par un peuple vengeur et déterminé à saccager les œuvres millénaires – insultes à son impuissance, défis à son néant. Il les fera disparaître un jour pour ne plus supporter leur éclat, par jeu, par fausse inadvertance ou par calcul. Qui sait combien de merveilles périront *physiquement* dans la catastrophe de 2035 ?

N'espérez pas sauver les livres !

11

Biblioparcs

Plutôt que de finir dans un acte ultime de rébellion contre l'Ordre Nouveau qui s'installe, les bibliothécaires des pays développés ont choisi la voie de « l'adaptation » – c'est-à-dire le renoncement. « Que pouvons-nous faire d'autre ? », demandent-ils avec la petite moue fataliste et supérieure de ceux qui ont « opté pour le pragmatisme ». Que peuvent-ils faire d'autre, en effet, que de relever les manches et de creuser leur propre tombe ? Que peuvent-ils faire d'autre que d'accepter la transformation des bibliothèques en *biblioparcs* pour grands gamins hébétés ? « Nous n'avons pas d'alternative, disent-ils encore. Si nous voulons conserver une place dans la vie sociale et culturelle, nous devons tout faire pour attirer de nouveaux publics. La bibliothèque doit se montrer attractive et innovante. Nous devons justifier notre existence. »

Enrôlé malgré moi dans cette Réforme des esprits, j'eus la possibilité de visiter l'une de ces nouvelles bibliothèques universitaires ultra-modernes, un de ces *espaces bambins-apprenants* que l'on nomme les « *learning centers* » (label américain que l'on se garde bien, là encore, de traduire – glamour oblige). Instructif et terrifiant voyage dans notre avenir ! Est-ce là ce pour quoi nous sommes prêts à faire table rase du passé ? Est-ce là notre idéal dernier ? Le point de chute des millénaires ? Voyez plutôt.

Un mur d'écrans dans le hall d'entrée. De vastes plateformes *cosy*, un mobilier aux courbures et aux teintes puériles – décor de carton-pâte pour un spectacle de fin d'année, à l'école primaire. Moquette moelleuse à motifs hétéroclites. Des peintures presque fluorescentes par endroits. On vient d'entrer quelque part, c'est certain, mais où ? Quel est ce lieu ? Qui le fréquente ? Est-ce un fast-food, un office de tourisme, une salle de sport, une crèche ? Non, c'est une bibliothèque. Notre guide se vante : « Nous avons huit cents PC, la wifi, des prises pour portables un peu partout. » On comprend tout de suite ce qui est important. Sur les tables de travail réparties en îlots comme dans un restaurant spacieux, des étudiants sont installés par petits groupes, les uns en face des autres, mais séparés par des écrans. Que font-ils ? Travaillent-ils ? Peut-être. Ils vont et viennent, parlent fort ; un brouhaha règne dans la salle, qui ne semble déranger personne. *Come as you are*. Sur les écrans, je reconnais des *pages*

Facebook. Ils sont presque tous connectés à leur indispensable et si fécondant « réseau social ». Leur attention oscille avec aisance entre voisins d'écran et voisins de table. Parfois, ils téléphonent, sans même baisser la voix. Naturellement. C'est permis. Tout est permis. C'est jour de relâche à perpétuité. J'aurais cependant beaucoup de peine à qualifier cette « ambiance » d'authentiquement, de réellement « conviviale ». Il manque pour cela un je-ne-sais-quoi de chaleureux, de libre et de rustique. Les images d'*Elephant* me reviennent soudainement à l'esprit. Les sportifs et les poupées. Les rires lointains qui vous glacent. L'harmonie hantée de massacres. Long travelling avant.

J'avance sur la moquette beige immaculée. L'équipe de ménage, nous dit-on, passe trois fois par jour. Je vois, sur une table récemment abandonnée, un petit monceau de gobelets vides, de serviettes usagées, de trognons et d'épluchures. Ce n'est pas que les poubelles manquent – elles sont même nombreuses, imposantes et bien sûr très colorées –, mais les étudiants, explique la guide, n'ont généralement pas le courage de les atteindre. Trop loin des écrans. « Il faudrait que les poubelles soient à leurs pieds. » Sourires. Qu'en sera-t-il des livres sur les rayonnages ? Qu'en sera-t-il des livres immobiles et lointains, poubelles à vieilles lunes, qui attendent, pour délivrer leur message, qu'on leur tende un bras, une main, et qu'on les porte avec soi tout le jour ? Ils les ignorent. Ici, la présence des livres est anecdotique. Une touche *rétro*. Quelques vestiges inutiles. D'ailleurs, ils n'occupent pas une grande place, ils se font tout petits, ils se font oublier. Ils sont transparents. Jamais dérangés, ils forment des alignements lisses et homogènes. Des tables, à différents endroits, sont couvertes de dépliants, brochures et « flyers » de toutes sortes. Nous montons d'un étage.

En haut des escaliers, le regard est attiré par un énorme écran mural sur lequel, à mon grand étonnement, s'affiche une publicité pour un parfum, entre deux messages informatifs. Plus loin, on nous montre une petite salle de tournage où les étudiants peuvent se filmer. Nul doute que ce jeu les amuse plus que la lecture. Dans une deuxième salle, un professeur et quelques élèves commentent des images de synthèse qui s'affichent sur un autre écran. Toute dimension magistrale est évacuée. Des sièges hauts en cuir rouge et une sorte de zinc veulent donner à l'endroit un aspect de café *vintage*. Sympa. Tout est sympa. À vous donner la nausée. À vous donner des envies furieuses de reniement et d'exil.

Près des grandes banques d'accueil jaune acidulé où figurent des bibliothécaires-sur-écran superflus, un professeur est nonchalamment installé sur un discret pupitre, où, nous apprend-on, il tient une permanence de conseils aux étudiants. L'apprentissage, dans un *learning center*, est participatif. Il n'y a plus de maîtres et de disciples, mais des collaborateurs sur un pied d'égalité. On discute, on échange, on *mutualise*. Après sa rude matinée de « tchat », de papotage, de traitement de texte en groupe et de *soft pedagogy*, le *screenager* s'offre un moment de détente à *l'Internet Café* ; et si jamais il n'était pas rassasié d'écrans, il pourrait toujours y convier ses amis à faire une défoulante partie de Battlefield 5 sur la console de jeux en accès libre.

La responsable du centre nous explique ensuite longuement, avec la ferveur bécasse d'une vendeuse Tupperware, les différences entre la « *traditional education* » – la méchante, la rancie – et la « *modern education* » – la vraie, la seule. Les bibliothécaires, ici, prennent pleinement part au « processus éducatif », dont toute l'originalité réside dans la grande part d'autonomie et de responsabilité offerte aux étudiants. Les bibliothécaires, ici, préfèrent se baptiser « spécialistes de l'information » ou « managers de projets éducatifs » ; ils sont sévèrement entraînés à la manipulation des wikis, weblogs, podcasts, moteurs de recherche, collections numériques, etc. La bibliothèque, ici, est un foyer d'innovation pédagogique où l'on se donne pour objectifs de « connecter les gens », de « reconnaître la diversité » et d' « élaborer un environnement d'apprentissage dynamique ». Ici, on a compris avant les autres – et on en est fier – qu'il fallait tirer les conséquences du remplacement progressif des professeurs par les « machines à savoir » que sont l'internet, les bases de données, etc. Dans une courte vidéo de présentation du centre, nous voyons une jeune fille souriante vanter le « projet » en passant de salle en salle. « L'éducation n'est plus ce qu'elle était hier, annonce-t-elle en guise d'introduction : être assis ensemble dans une salle de classe, écouter un professeur. » Un peu plus tard elle prononce cette phrase magnifiquement hypocrite : « Les livres aussi sont importants. Nous en avons encore besoin. » Tout professionnel du livre encore lucide reconnaît là immédiatement l'un des artifices les plus éculés des bonimenteurs numériques, et il entend ceci : « Tant qu'il vous sera nécessaire de croire à la survie du *book*, tant que vous ne serez pas totalement libérés de son aura, continuez de l'adorer, espérez en lui autant qu'il vous plaira ; réveillez-vous lentement, rien ne presse ; racontez-vous la belle histoire du livre immortel, pendant que nous préparons son éviction définitive. Plus tard, quand vous ouvrirez les yeux, le monde aura tellement changé qu'il n'y aura plus aucune raison de produire des livres, mais vous n'aurez rien senti. Laissez-nous faire et dormez donc sur vos deux oreilles. »

Je quittai les lieux avec la certitude d'y avoir vu l'avenir, notre avenir. D'ailleurs, nombre de mes collègues exprimèrent ostensiblement leur enthousiasme, et se montrèrent tellement, tellement désolés que la France demeurât encore si timide en matière de futurisme éducatif. Ils avaient cueilli là-bas les graines qu'ils sèmeraient plus tard dans leurs tristes « mausolées ». Aujourd'hui, bien peu d'entre nous doutent qu'il y ait urgence à se conformer au modèle des *learning centers* ; car modernité fait loi. Vite, vite, le Neverland !

Qui aurait cru que les « gardiens du livre » deviendraient si rapidement les camelots de l'Ignorance ?

Il faut descendre, descendre toujours plus bas pour
séduire la clientèle. La bibliothèque, nous enseigne-
t-on, doit proposer sans délai, à l'exemple des États-
Unis et des pays du nord de l'Europe, un « troisième
lieu », c'est-à-dire un « espace neutre, aisément accessible et convivial fréquenté entre le travail et la maison, qui renforce le sentiment d'appartenance à une
communauté, et qui permet des rencontres et des
échanges dans un espace de loisir et de détente[1] ». À
peine cette idée a-t-elle commencé d'influencer les
esprits qu'on évoque déjà des « quatrièmes lieux », qui
seraient le produit d'un mélange improbable de troisième lieu (« espace du rencontrer »), de *learning center*
(« espace de l'étudier ») et de *fablab, fabrication labo-
ratory* (« espace du faire »). Cette nouvelle chimère,
construite de préférence dans un espace recyclé,
prendrait la forme, par exemple, d'une « bibliothèque
ferme » ou d'un « jardin communautaire biologique »
hyperconnecté, où chacun pourrait redécouvrir les
joies du bricolage, du *faire*, dans des « ateliers de
fabrication numérique » équipés de découpeuses
laser, de fers à souder et d'ordinateurs. Pour être
plus précis, un lieu de mixité, de réconciliation, une
« co-construction citoyenne à élaborer ensemble[2] ».

1. Mathilde Servet, « Les bibliothèques troisièmes lieux »,
BBF, v. 55, n° 4, 2010. Dans ce chapitre, j'ai emprunté de
nombreux exemples à son mémoire de fin d'étude Enssib consacré
au même sujet : « Les bibliothèques troisièmes lieux », 2009.
2. Victoria-Pérès Labourdette Lembé, « La bibliothèque
quatrième lieu, espace physique et/ou en ligne d'apprentissage

Que de jolis atours pour l'amère vérité que la bibliothèque traditionnelle périra de sa belle mort si elle tarde à muer, à « muter », si elle rechigne à se faire récréative et pratique. Car enfin, que veut l'ingénieur festif et bien dans sa peau, engeance terminale de l'ère techno-industrielle, qui repeuple et transforme le monde à son image, piétinant les arts, la littérature, l'histoire et la sagesse éternelle ? Que veut l'homme de l'*agir* intenable, le touriste impénitent, l'homme qui fait tourner l'économie et qui martyrise l'*otium* partout où il mène ses affaires ? Que veut-il, sinon des *trucs sympas*, beaucoup de machines et quelques distractions ? Nous lui donnerons tout cela. Nous célébrerons dignement sa venue.

L'homme du XXIᵉ siècle est un pérégrin durable, un furtif passant du monde. Il est partout et nulle part ; il *bouge*. On ne peut pas lui infliger des bâtiments lourds et hiératiques. Au sein des cabinets d'architectes, on multiplie les projets lumineux : un *tram-bibliothèque* sillonnant la ville de Brno, où le voyageur connecté peut télécharger des e-books grâce à des *QR codes*[3] ; style aéroportuaire et ambiance de *passage* pour la bibliothèque publique de New York ; lignes ondulantes qui fusent vers le ciel pour les futures bibliothèques de Dalian, Astana et Bagdad ;

social », livre blanc de l'agence Gutenberg 2.0, 2012, www.gutenberg2.com.
    3. Prix international du marketing de l'IFLA (International Federation of Library Associations) en 2014.

disque solaire ou soucoupe sortant des flots pour la nouvelle bibliothèque d'Alexandrie ; vagues, pentes ou tapis volant – c'est comme on veut – pour le « Rolex Center » de Lausanne ; et pour toutes les bibliothèques de demain, des constructions *hors-sol*, des aéronefs, des cargos, des rampes de lancement, des nuages, des constellations. Du mouvement, du cosmique et de l'infini. Pour mieux dissimuler l'abjection de leur terreau mercantile.

Dans les *learning centers*, on attrape les savants imaginaires avec le miel des « espaces modulaires » – ou « flexibles » – et leurs « mobiliers transhumants », ouverts tous les jours, vingt-quatre heures sur vingt-quatre, champs d'une « expérimentation pro-active des savoirs » basée sur toutes les âneries de l'« enseignement assisté par ordinateur » ou du « *mobile learning* ». Les érections pharaoniques de ces nouveaux temples ne cachent pas la petitesse de leur vocation. On imite le monde tel qu'il avance à pas de géant, et rien de plus. Derrière ces sublimes façades de verre photovoltaïque, on élève les moutons de panurge en batteries. Carlos Ghosn et Bill Gates y font la politique documentaire. On dégraisse les rayonnages de toute cette paperasse éteinte et fastidieuse. Les manuels de management et les études de marché partiront en dernier. Il est vrai qu'on a encore besoin des livres…

Aux Pays-Bas et dans le monde anglo-saxon, la vulgarité atteint des paroxysmes. Les médiathèques d'Amsterdam, de Delft et de Rotterdam (dont l'architecture s'inspire expressément des parcs d'attractions) sont d'authentiques aires de divertissement et des néo-lieux interlopes. On y trouve des fauteuils-œufs, des fauteuils-livres (car les livres, on s'assoit dessus, enfin !), des poufs, des transats, des décors de cinéma avec des « codes couleurs », des échelles « pour faire bibliothèque », des distributeurs de Coca-Cola dans le style années 1950, des « juke-box à poèmes », des « espaces romance » avec leur moquette rose bonbon, des terrains d'aventure pour les enfants ; on y développe des programmes de réflexion sur le jeu vidéo ; on y organise des soirées dansantes, des spectacles de magie, des « ateliers alternatifs sur le rap ». Les livres y sont aux deux tiers relégués au sous-sol, afin de laisser plus de place aux ordinateurs, aux collections multimédias, aux journaux et aux machines à café. On y dort, on y mange, on y musarde, on y traîne son ennui ; je parie qu'un jour on y verra des concours d'engloutissement de hareng salé, des soirées mousse et des peep-shows ! Tu me trouves vulgaire, collègue chartiste ? Alors que penses-tu de James Keller, directeur de la Queen's Library de New York, qui rêve d'un partenariat avec Mc Donald's, et qui n'est pas mort de honte en proposant qu'on distribue un bon d'achat pour un Big Mac à chaque prêt de livre ? Que penses-tu des misérables opérations de rabattage auxquelles se livrent nos chères institutions culturelles ?

Celles-ci, en Angleterre, lancent une campagne publicitaire sur l'internet – « Love libraries » – sous l'égide d'un logo magenta en forme de cœur qu'une fillette de 5 ans n'aurait pas osé commettre. Celles-là, au Canada, diffusent une série de vidéos censément humoristiques intitulées « Books and Beyond » (« Les livres et au-delà ») destinées à attirer l'attention sur le fait que, précisément, on trouve bien d'autres choses que des livres dans une bibliothèque, et souvent des choses beaucoup plus intéressantes, bien mieux adaptées à la vie moderne. Pourquoi n'y pourrait-on emprunter, par exemple... des robots ? Ne souriez pas : c'est désormais possible à la robothèque publique de Chicago. Le système technicien se caricature lui-même... Les bibliothèques américaines font leur publicité sur le site internet *Geekthelibrary* : quoique vous « geekiez » : vampires, football ou barbecue, la bibliothèque vous soutient. La version allemande de ce site, dénommée *Bibliofreak*, invite les monstrueux gnomes de la modernité à ramper jusqu'à la bibliothèque la plus proche, s'ils survivent à cette ultime campagne d'avilissement.

La nouvelle bibliothèque de Birmingham, avant d'ouvrir ses portes, « existait » *en version virtuelle 3D dans l'environnement Second Life*. L'avenir est aux « bibliothèques dédoublées », bâtiments matériels et mondes virtuels en interconnexion permanente. La bibliothèque n'aura d'intérêt pour l'homme futur que comme « simulateur », « incubateur », lieu d'expérience ubiquitaire. C'est là, lors de séances de *co-browsing*[4], qu'il rencontrera des « vrais gens » et qu'il trouvera une sociabilité nouvelle. C'est là qu'il fera des expériences de lecture inédite. Quand

---

4. « Navigation interactive à plusieurs sur un même site web. »

il voudra lire Homère, un dispositif le transportera directement sur les rivages de l'Hellespont et fera surgir les dieux, les monstres et les héros sous ses yeux ébahis. Tellement mieux qu'un livre !

L'organisation professionnelle australienne Vala, qui promeut les nouvelles technologies dans les bibliothèques et les lieux culturels en général, a mis en ligne, sur YouTube, un petit film méprisable dans lequel une blondinette de 3 ans, une « *digital native* », réclame avec des mots d'adulte « de l'information en temps réel, de la réalité augmentée, du *geo-tagging* spatial » et tout le saint-frusquin numérique. « Je suis une *digital native* et je le veux maintenant ! » implore-t-elle[5]. Détail important : tout en parlant, elle tourne les pages d'un livre posé sur ses genoux. Le message est clair : bibliothèques, obéissez à l'Enfant-bulle numérique. Prenez garde, le chérubin est exigeant. Ne lui présentez plus vos tristes grimoires, il les déchirera méthodiquement, page à page, en vous jetant des regards furibonds. En outre, il vaudrait mieux renommer vos bibliothèques, car le seul mot lui fait peur. Trouvez-leur des noms d'aujourd'hui, des noms planants. Apprenez à vous vendre.

En France, il y a longtemps que le terme de « médiathèque » s'est imposé dans le langage courant (devançant l'impensable « polythèque »), alors que l'« informathèque » fait son chemin ; et tandis que

5. « What digital natives want from their library », www.youtube.com/watch?v=7_zzPBbXjWs.

les « *learning centers* » sont en passe de déclasser les maussades « bibliothèques universitaires », on baptise la médiathèque de Marseillan *La Fabrique* – place aux « ateliers créatifs » –, celle de Taverny *Les Temps modernes*, celle de Deauville *Biblio'tech* – les grands esprits se rencontrent –, celle d'Angoulême *L'Alpha* (*Alphabulle* était en discussion) – sobriquet parfaitement désincarné et vaguement futuriste, traduction de l'éternel commencement d'un monde qui fait l'impasse sur l'Omega –, celle de Fougères *La Clairière* – un blockhaus –, celle de Metz *L'Agora* – une zone couverte en wifi –, celle de Boulogne-Billancourt *Le Trapèze* – où sont les clowns ? Un *learning center* français, la *Skema Business School*, s'est trouvé un nom qui pourrait désigner à peu près tous les établissements de son espèce : *La Fusée*. Ne manquez pas de vous prélasser dans un fauteuil sidéral de son *Café Fizz*.

Toutes ces bibliothèques *augmentées* se fondent sur les mêmes préoccupations fondamentales et urgentissimes : s'abaisser aux besoins de l'époque, s'adapter à la technique et se soumettre aux diktats de la masse. Sans doute serait-il plus judicieux de les renommer systématiquement ludothèques – le jeu, le *ludique* étant leur préoccupation première, et non pas secondaire (les cubes empilés qui constitueront l'*Alpha* d'Angoulême en sont une belle preuve architecturale) – ou, pour se rapprocher encore de la vérité, poupothèques – mieux : gloubi-boulgathèques ; mais le suffixe est encore en trop.

Les bibliothèques publiques de Montréal, au Canada, ont invité les habitants à « expérimenter gratuitement le monde des jeux vidéo et des jeux de société dans leur réseau[6] » ; un an plus tard, elles ont organisé une « soirée des ados » interdite aux adultes, durant laquelle ont sévi des « ateliers » de toutes sortes : « fabrication de bijoux, création de graffitis, confection d'un cadeau gourmand et de cupcakes, ateliers de beauté, de scrapbooking, de slam, de breakdance, de manga, etc.[7] ». Selon le bibliothécaire montréalais Thierry Robert, spécialiste de la « gamification de l'espace public », « vous n'avez qu'à regarder des jeunes jouer pour voir les relations qui se créent instantanément. Le jeu aide à se rassembler et à transformer la bibliothèque dans un lieu social dynamique, démocratique et avec du contenu pour tous, et pas seulement les jeunes[8]. » Le jeu permet de rompre « avec les stéréotypes négatifs qui pèsent sur l'image de la bibliothèque[9] ». Que ne ferait-on pas pour conjurer la malédiction d'un stéréotype ?

Les Londoniens appellent « *idea stores* » – littéralement « magasins d'idées » – leurs nouvelles bibliothèques à l'allure de centres commerciaux, situées au cœur d'ensembles plus vastes, informels,

6. « Festival "Montréal joue" dans les bibliothèques publiques de Montréal», 3 février 2012, www.bibliofrance.org.

7. « La soirée des ados, à ta bibliothèque de quartier », 1er mai 2014, http ://bibliomontreal.com.

8. *Ibid.*

9. *Ibid.*

dans lesquels sont réunis des cafés, des crèches, des
équipements utiles, des salles de concert ou d'expo-
sition, etc., et que l'on peut considérer comme des
« lieux de vie », des « zones de sociabilité » très floues
– seules formes sous lesquelles les *librairies* pouvaient
conserver un attrait, donc survivre. Les « discovery
centers » de Winchester, Basingstoke et Gosport,
construits dans un esprit voisin, ressemblent à des
magasins de la Fnac installés sur des bases spatiales.
N'y manquent que le vendeur Spock et le chef de
rayon Kirk. La bibliothèque numérique *Idea City*, à
Stockholm, sera directement logée dans un centre
commercial, une poignée de « livres traditionnels »
y apportant la touche esthétique indispensable. À
Helsinki, on ajoutera un sauna. La nouvelle bibliothèque d'Almere, aux Pays-Bas, a été conçue pour
ressembler autant que possible à une librairie. La
présence dans ses murs d'un affreux distributeur
automatique de livres, tel qu'on en voit déjà dans
les contrées asiatiques et anglophones, ne devrait
susciter aucune hostilité particulière. Les Néerlandais
ne sont pas des gens bougons.

   En somme, s'il y a une « idée » derrière tout cela, il
n'y en a qu'une, et c'est une idée fixe. En Allemagne,
les bibliothèques n'existent plus ; elles *existeront*. Elles
sont toujours « de l'avenir », jamais du présent. Les
plus avancées dans la modernisation, c'est-à-dire la
prostitution, se voient décorées du sigle « Q-thek »
(qui prendrait tout son véritable sens trivial dans
notre langue), ce qui signifie qu'elles se sont enfin
métamorphosées en antichambres de la déculturation

générale. « Q » pour *Qualität* (qualité), *Querdenken* (« pensée latérale »), *Querschnitt* (coupe transversale), ou encore *Quizfragen* (quizz) : ces « lieux d'apprentissage » d'une originalité et d'une impertinence confondantes, nul ne s'en étonnera, proposent le même *design* de science-fiction, le même jargon assouplissant et la même gluante positivité que l'ère numérique nous livre en cargaisons inépuisables[10].

Partout, dans ces institutions repeintes et rénovées, règne la « convivialité » ; du moins c'est ce qu'elles prétendent, c'est ce qu'elles revendiquent. Tous les lieux publics, le monde entier devrait être convivial ; on devrait se sentir partout chez soi ; mais il me semble que si la convivialité est partout, elle n'est nulle part au bout du compte. Toute extension d'une valeur à des sphères qui lui sont opposées, où peuvent et doivent s'épanouir d'autres valeurs tout aussi nécessaires, mène à la submersion et à la confusion générale des expériences. Ce n'est certainement pas le rôle d'un lieu de savoir et de culture que d'apporter aux citoyens leur lot de plaisirs et de sociabilité. Selon cette logique, pourquoi la culture ne serait-elle pas également, à tout moment, festive, érotique et enivrante ? Pourquoi n'aurait-on pas le droit de *prendre son pied* dans une sphère contemplative de la connaissance ? L'affront à la jouissance individuelle que représenterait désormais une bibliothèque

10. Voir le livret de présentation : « Q-thek : Innovative Bibliotheksräume », www.brd.nrw.de.

n'offrant *que* des livres ne saurait plus être toléré.
L'usager, qu'on se le dise, ne veut plus *se prendre la
tête* ; il veut *s'informer*, s'amuser, se prélasser et se
connecter un peu ; et si les livres ne l'amusent plus,
pourquoi ne pas tout simplement les supprimer ?
Qui prendra le risque de nuire à la *convivialité* –
puisqu'elle est notre impératif catégorique ? Si les
gens n'aiment lire que les magazines, les romans de
vampire et les *bédés*, pourquoi leur imposer autre
chose ? Ils fuiraient, et nous voulons les attirer, nous
voulons les séduire. On dit qu'au Japon, ce sont les
mangas qui ont sauvé les bibliothèques. Et alors ?
Pourquoi pas ?

À la fin de l'année 2015 ouvrira la nouvelle bibliothèque des Halles de Paris, sous la voilure diaphane
d'une *canopée*. Elle fera toute sa place à la « génération
Y » des connectés ombilicaux. La lecture y sera bien
évidemment « confortable et détendue » (le bonheur
de lire Kafka dans un transat fluo !), et des « espaces
chauds », lieux de libre expression du soimêmisme
exacerbé, y côtoieront les « espaces froids » du silence
moribond. Prévoir des pics de *fréquentation* exception-
nels. Et la suppression, à terme, des « espaces froids »,
dont une enquête sérieuse révélera qu'ils n'ont *pas encore
trouvé leur public*. La population, quand elle entre dans
une bibliothèque, ne vient plus chercher la culture – ce
labeur ingrat et peu rentable –, elle vient se distraire.
Les bibliothécaires, quant à eux, veulent ce que veut
la population. S'il faut organiser des rencontres avec
des *acteurs pornos*, des séances de *Guitar hero* ou des
combats de post-it ; s'il faut mettre en place des ateliers

tatouage ou bricolage ; s'il faut monter des expositions sur la dimension sociologique des Simpsons ou sur la *pub des eighties* ; s'il faut créer des affiches avec des petits bonshommes souriants ou des livres à rollers ; s'il faut parcourir les salles de lecture déguisé en Hobbit ou en sorcier, ils ne renâclent même pas. La position du mécontent n'est pas aisée à tenir ; à la longue, on est tenté de rejoindre la meute et d'enfiler les chaussons confortables du professionnel « ouvert » et « pas du tout opposé par principe à la nouveauté ». Alors le pas est franchi vers l'acceptation du pire.

Les bibliothèques organisent chaque année une festivité baptisée « Lire en fête ». Au programme de l'édition 2013, en Moselle :

> « Lectures et ateliers autour du rire et de ses bienfaits, lectures d'albums à dévorer pour d'étranges bibliophages…, voyages en Chine, au Japon, au Liban ou encore en Europe à la découverte de la littérature et des richesses culturelles de chaque pays, *kamishibaï* (petit théâtre d'images), spectacles, lectures interactives autour du pain, soirées jeux, spectacle en langue des signes, rencontres d'auteur, forum des bibliothèques… Depuis le petit déjeuner autour de coups de cœur littéraires jusqu'à la tombée de la nuit lors d'une veillée contes, il y en aura pour tous les goûts[11]. »

---

11. « Lire en fête… Partout en Moselle », moselia.cg57.fr.

12

Misère du bibliothécaire
en milieu technicien

Qu'est-ce qu'une bibliothèque du monde moderne ? Qu'y fait-on ? Y consacre-t-on son énergie à célébrer et à mettre en valeur les grandes productions de l'esprit ? Y collabore-t-on, comme on le faisait sans doute à la bibliothèque d'Alexandrie, avec des traducteurs, des penseurs, des poètes ? Y parle-t-on des livres – je veux dire des livres qui comptent vraiment ? Y réfléchit-on aux meilleurs moyens de promouvoir la lecture des textes fondamentaux ? Non. On y *gère des masses de produits documentaires.* On y éponge le flot des nouveautés. On y fait du stockage, du *traitement* et de la facturation. Tout au plus y réalise-t-on, à la marge, des bibliographies et des expositions plus ou moins arbitrairement provoquées par la sacro-sainte *actu.*

Depuis longtemps, il n'y a plus de bibliothécaire, si l'on prend pour principe que ne saurait être appelé de ce nom un individu parfaitement étranger à toute influence de l'ancienne « bibliophilie » – non pas la bibliomanie des purs esthètes, pour qui l'objet seul est source de satisfaction, mais l'amour du livre en tant que recueil de la sagesse et de la beauté, en tant qu'œuvre. On ne recrute pas un bibliothécaire pour ses inclinations bibliophiles, ni pour son penchant humaniste, ni moins encore pour son érudition – pour autant, là aussi, que l'on ne confonde pas l'érudition vraie d'Aristote, de Niccoli ou d'Érasme avec l'enflure livresque des bêtes à concours. Cent cinquante ans d'industrie et de civilisation technique ont suffi pour transformer le bibliothécaire en « homme utile » – c'est-à-dire « quelque chose de bien hideux ». Il ne jure aujourd'hui que par l'*information* et la *documentation* – grises mamelles du journalisme protéiforme. Il a définitivement cessé d'être, ou d'aspirer à devenir, une « bibliothèque parlante », selon le mot de Léopold Delisle[1].

On attend du bibliothécaire, désormais, qu'il s'intéresse à tout ce qui occupe ses contemporains, qu'il se « tienne au courant », qu'il lise la presse et qu'il écoute la radio ; il a tout intérêt à se montrer cinéphile, téléphile, mangaphile, vidéophile et *gamer*. Pour le reste, il lui faut savoir rédiger des notes de service et des comptes rendus insipides, générer des graphiques ou des *camemberts*, et être en toute circonstance un communicant joyeux, médiateur de proximité et

---

1. Il fut administrateur de la Bibliothèque nationale, historien, et l'un des meilleurs savants du XIXᵉ siècle.

bricoleur culturel, assoiffé d'ouverture à toutes les Différences. La ridicule séance de Trivial Pursuit à laquelle se livrent les candidats et les membres du jury lors des épreuves orales des concours de bibliothèques – tout au moins ceux qui sélectionnent les futurs *encadrants* – ne saurait en aucun cas donner lieu à un recrutement qualitatif, même s'il demeure possible que, parmi les postulants, se trouvent encore, parfois, des personnes « cultivées », qu'un espoir naïf de participer à l'élévation de la société aurait menées devant ces tordants inquisiteurs de la *Doc Academy*.

Que fait un bibliothécaire aujourd'hui ? J'ai souvent remarqué que les personnes extérieures aux bibliothèques s'imaginaient que je devais « lire beaucoup » – non seulement à titre personnel, mais aussi pendant mes heures de travail. « Vous arrive-t-il de *lire* les livres que vous brûlez ? », demande Clarisse à Montag dans *Fahrenheit 451*. Montag lui répond en riant : « C'est contre la loi ! »[2]. Je suis bien forcé de leur répondre, moi aussi, que c'est contre la loi, que c'est interdit. Non seulement le bibliothécaire d'aujourd'hui ne lit pas, mais parfois ne touche même pas, ne *voit* même pas un livre de sa journée, tant il est vrai que son action de passeur entre le livre et le public a été rendue caduque par la massification des fonds et par l'adoption généralisée de la démarche technicienne. Je n'ai même pas le souvenir d'avoir une seule fois donné un *conseil de lecture* à quiconque

2. Ray Bradbury, Denoël, 1995.

(je ne parle pas d'orientation bibliographique, mais de partage enthousiaste). Suis-je une exception ? Je ne le crois pas. Il faut être aujourd'hui médecin spécialisé en *bibliothérapie* pour avoir le droit de prescrire une lecture ; il faut être expert en psychologie et *bibliocoach* pour décréter la bienfaisance des livres. Dans le mouroir insulaire des bibliothèques dénommé Grande-Bretagne, quelques membres de la Society of Chief Librarians ont eu l'immense privilège de participer à l'élaboration d'une liste de romans anxiolytiques[3]. Hélas, nous n'avons pas tous la chance de nous reconvertir en prêtres ou en guérisseurs !

Nous sommes devenus des mécaniciens, des professionnels de l'écran, des fignoleurs de rouages virtuels, quel que soit l'endroit où nous exerçons notre métier. Le domaine de la culture n'a pas échappé aux filets de la rationalisation totale. L'informatisation, surtout, a contribué à fragmenter, isoler et complexifier nos tâches, de telle sorte que tout employé d'une bibliothèque ne puisse plus être autre

---

3. Carine Hahn, « Le livre pour soigner le mal-être », *Valeurs mutualistes*, n° 286, septembre-octobre 2013.

L'idée n'est pourtant pas nouvelle. Proust écrivait déjà, en 1905 : « Il est cependant certains cas, certains cas pathologiques pour ainsi dire, de dépression spirituelle, où la lecture peut devenir une sorte de discipline curative et être chargée, par des incitations répétées, de réintroduire perpétuellement un esprit paresseux dans la vie de l'esprit. Les livres jouent alors auprès de lui un rôle analogue à celui des psychothérapeutes auprès de certains neurasthéniques. » (*Sur la lecture.*)

chose qu'un individu assis devant un ordinateur, un « gestionnaire » de sa collection – tant du point de vue documentaire que matériel –, soumis aux contraintes fastidieuses des codages et des protocoles, enfermé dans une gestuelle lassante et parcellaire qui participe bien sûr de son efficacité, mais qui dépouille aussi son rapport au livre de toute dimension personnelle, amoureuse et vivante. Je sais que nombre de mes collègues trouveront cette description excessive, même parmi ceux qui travaillent *sur écran* plus de six heures par jour. N'est-ce pas dans ce type d'arrangement avec la réalité que l'on voit l'ampleur de la domestication ?

Tout au long des années que j'ai passées dans les bibliothèques, il me semble que la chose la plus importante que j'y ai vue, c'est l'emprise croissante de la machine, et de l'ordinateur en particulier ; c'est le rassemblement de toutes les tâches, de toutes les heures, autour de la machine. Il n'y a peut-être pas d'institution où l'idée exprimée par Ellul que la technique se développe comme un destin ne semble plus vraie, parce qu'on est particulièrement frappé de voir avec quelle force implacable des usages séculaires y ont été remplacés par les nouveaux.

En quoi le métier de bibliothécaire se distingue-t-il aujourd'hui d'un autre métier en milieu informatisé ? En rien, à vrai dire. Le bibliothécaire fait comme tout le monde : il allume son unité centrale, puis il tape sur un clavier et manipule sa « souris ». Il clique. Il navigue. Il googlise. Il imprime. Il crée des documents. Il ouvre des documents. Il enregistre des documents. Il remplit des tableaux. Il remplit des cases. Il remplit des champs. Il remplit des bons de commande. Il envoie des messages. Il lit des messages. Il fait suivre des messages. Il joint des *PDF*. Il nettoie sa messagerie. Il appelle la *Cellule informatique*. Il attend. Il saisit des données. Il modifie des données. Il entre des codes. Il génère des rapports. Il attend. Il fusionne des rapports. Il attend. Il comptabilise. Il compare. Il valide, puis il éteint son unité centrale.

À l'exception des travaux requérant encore des bras et des jambes – rangement, déplacement ou récolement[4] des collections physiques (dont la Robotique ne nous a pas libérés[5], mais que le numérique s'engage à rendre obsolètes) –, tout peut désormais s'effectuer à partir d'un écran, grâce à des applications spécifiques : s'informer des nouvelles publications, commander, réceptionner, inventorier, cataloguer et « exemplariser » des documents, chercher des références, élaborer des bibliographies, effectuer des prêts et des retours, enregistrer des réservations, communiquer avec le public, transmettre des informations ou répondre à des questions. Bien sûr,

---

4. Inventaire général des collections conservées par la bibliothèque.

5. En 1991, un robot destiné à gérer automatiquement la communication des ouvrages en magasin a été installé à la bibliothèque de Mériadeck à Bordeaux. Trop coûteux et trop instable, le système a été démantelé il y a quelques années et remplacé par une organisation classique. Autre emblème de la sottise technophile.

des tâches et des possibilités nouvelles sont apparues *avec* l'écran et ont ajouté bien souvent de l'inutile ou de l'utile excessivement complexe : élaboration et exploitation de statistiques, participation à différents « réseaux » nationaux de bibliothèques, édification de catalogues collectifs alimentés par des dizaines d'établissements, production d'une infinité de documents bureautiques… Il n'y a aucun moyen de sortir des griffes de cette mécanique envahissante. Tout est devenu technique, donc triste à mourir. Le phénomène, bien entendu, n'a fait que s'amplifier avec les innovations du « web 2.0 ».

Un nouveau métier est apparu, auquel on donne encore (pour combien de temps ?) le nom de biblio-thécaire ; mais que reste-t-il de cette fonction, par exemple, dans la journée d'un employé chargé d'« assurer la maintenance du parc informatique », de « former les usagers aux ressources électroniques », de « veiller à la cohérence du catalogue informatisé » ou de « gérer les périodiques en ligne » ? Quelle joie trouve-t-il encore à travailler dans une bibliothèque, plutôt qu'ailleurs, celui dont toute l'énergie est avalée par l'adaptation aux machines et au rythme insensé de leurs évolutions perpétuelles ? Et comment pour-rait-il encore s'intéresser au livre, lui qui a l'esprit tout occupé à se *mettre à jour*, à se former et à se réformer – pour mieux servir son nouveau maître ?

Il va sans dire que cette déportation des usages vers l'outil informatique a toujours été accompagnée de louanges obligatoires : nous avons toujours entendu dire, par exemple, que la technique *libérait* les bibliothécaires des tâches prétendument ingrates telles que les prêts et les retours des documents, qui, grâce à la technique de la RFID[6], peuvent aujourd'hui être effectués par les lecteurs sur des « automates de prêt ». Nous deviendrions donc à nouveau disponibles pour des activités plus nobles. C'est faire peu de cas de toutes les manipulations informatiques dont notre quotidien s'est considérablement alourdi depuis ces formidables « avancées ». Nous avons troqué quelques tâches répétitives et, en effet, peu valorisantes, contre un labeur tout aussi assommant – que dis-je ? bien plus pénible – d'opérateur de saisie ou de tâcheron informatique, dont cette science émancipatrice sait produire une infinité d'espèces. Nous nous sommes « libérés » d'une part de nos contraintes et de nos limitations pour endosser la charge éreintante de toutes ces procédures, de tous ces carcans opératoires, et de tous les sévices que ne manquent jamais de nous infliger les « dysfonctionnements », pannes et incohérences du Système. Il serait intéressant d'évaluer les retombées négatives de ces nombreuses défaillances sur l'organisation du travail, sans même parler de leurs conséquences morales. On ne recueille jamais des statistiques de bien-être au sein des établissements modernisés, ce qui est à peu près aussi

6. Radio Frequency IDentification. Cette technique permet d'identifier un objet à distance grâce à une étiquette émettant des ondes radio.

injuste que de n'intégrer aucune dimension sociale ou culturelle dans la mesure du « niveau de vie ».

Je n'ai personnellement jamais pu constater aucun allègement dans mon travail qui serait imputable à l'informatisation, d'autant moins que, généralement, toute innovation technique entraîne une suppression d'effectifs (sur la seule base théorique d'un « gain de temps » parfaitement illusoire) qui recentre nos tâches sur la « gestion » pratique et quotidienne. Je peux même affirmer que le recours systématique aux écrans a considérablement dégradé mon rapport au travail, en supprimant tous les modes intuitifs d'action et d'échange intra-humains, et en les remplaçant par des opérations techniques lourdes et compliquées. Dans la langue de la Troisième révolution, ce phénomène est appelé : « désintermédiation », ce qui est déjà une manière de lui donner une dimension mécanique et objective, afin d'en adoucir les effets.

L'obsession de « rationaliser » n'est pas neuve, et le succès rapide de l'informatique dans les bibliothèques révèle qu'un penchant fiévreusement *ordonnateur* y préexistait. Tous les formats, normes, manuels et mémentos que nous utilisons au quotidien en sont une preuve flagrante. Pour mener à bien son travail, un « catalogueur » de la BNF doit ainsi compulser les trois volumes de son « format intermarc », les quatre tomes de sa « classification Dewey », son « guide RAMEAU », sa « norme ISBD »[7] et quelques autres

7. Le format Intermarc sert à l'encodage des données biblio-graphiques, la classification Dewey sert à donner un indice numé-

fascicules, selon les particularités de sa collection ou de son service. Tous ces outils, bien entendu, ont pour but de donner une dimension scientifique et objective au catalogage ; mais au-delà d'un certain degré de subtilité, il est clair que cette ambition se retourne contre elle-même, tant elle suppose d'ergotage, de raffinement byzantin et de délire unificateur (et cela est valable pour le moindre opuscule hyperspécialisé entré par le dépôt légal[8]).

Ce discours qui tend à faire croire que la machine nous exonère des tâches désagréables, quoi qu'il en soit, est évidemment hypocrite, car on n'hésite plus à remplacer également, quand la technique le permet, les tâches que les bibliothécaires jugeaient « valorisantes » : ainsi les sélections et commandes d'ouvrages se font-elles de plus en plus couramment par le biais de centrales d'achat ; ainsi les échanges directs et conviviaux qui perduraient avec les usagers disparaissent au profit de la communication électronique ; ainsi les recommandations de lecture, déjà relativement rares, sont prises en charge par les moteurs des « catalogues interactifs » ; ainsi le contact charnel avec les livres est aboli progressivement par la numérisation...

rique correspondant au sujet de l'ouvrage, le guide RAMEAU permet l'élaboration des mots-matière, et le guide ISBD donne les règles générales de la syntaxe bibliographique.

8. Loi obligeant les éditeurs à fournir un ou plusieurs exemplaires de leurs publications à la BNF.

Alors que je passais les examens en vue d'épouser une carrière que j'osais croire à l'abri de certaines outrances de la modernité, la « Très Grande Bibliothèque » venait d'ouvrir ses portes au public, et l'heure était à l'enthousiasme intempérant pour l'accessibilité, la fluidité et la totalité, fruits attendus de l'arbre technicien. Les vieilles pesanteurs allaient disparaître. Les livres allaient sortir de leurs geôles de pierre. La bibliothèque allait *décoller*. François Mitterrand, assembleur de nuées, avait fait le rêve d'une « très grande bibliothèque d'un type entièrement nouveau », qui s'élèverait bien au-delà de la matière et des livres en cellulose, qui serait un véritable arsenal de postes informatiques et de machines diverses. Des chariots automatiques, roulant sur plusieurs kilomètres de rails, y transporteraient les ouvrages à la vitesse de la lumière – peut-être plus vite encore – ; des collections immatérielles y flotteraient à jamais dans la gaze néo-psychédélique d'immenses tours de cristal – des « livres ouverts » délicatement substantialisés, que l'on ne parviendrait plus à distinguer, certains jours, de la troposphère parisienne. L'académicien Jean-Pierre Angremy, qui présidait la TGB, annonça vaillamment aux chercheurs que les livres seraient déposés sur leur table de travail en vingt minutes, tout au plus. C'en était fini des lenteurs et des atermoiements du monde passé, que l'on invitait à mourir dans le silence et la dignité, à l'hospice du 51 de la rue de Richelieu, où gît l'ancienne Bibliothèque nationale, amputée des collections imprimées dont elle fut l'écrin pendant plus de deux siècles.

Peu après mon admission au concours, j'appris que j'étais affecté à « Tolbiac[9] ». Je n'en connaissais à ce moment-là que les présentations livresques et quelques images de synthèse diffusées à la télévision, et je me sentis rempli d'excitation à l'idée d'arpenter ces grands espaces de bois, de verre et de béton, tapissés de moquette « rouge écureuil », où je m'imaginais, je ne sais pourquoi, vivant des choses extraordinaires et découvrant une réalité grandiose, malgré tout ce que je savais ou devinais déjà de l'état d'assèchement avancé du travail en bibliothèque. Le « projet », le grand projet, faisait naturellement vibrer la fibre utopique. « Les tours les plus hautes font les plus hautes chutes », disait le sage Horace.

9. C'est ainsi que l'on appelle couramment le site de la BNF, construit près de la rue de Tolbiac, dans le 13e arrondissement de Paris.

13

Le Très Grand Bug

C'est une chose peu connue, et difficilement croyable – notamment de tous les Parisiens qui jouissent d'une vue sur le 13ᵉ arrondissement, ou qui vont régulièrement se promener au parc de Bercy –, mais les tours de la BNF se sont écroulées il y a de nombreuses années. Je ne mens pas, je les ai vues s'écrouler. Je les ai vues *chuter*[1]. Cela s'est passé en 1998, lorsque les portes de la tant espérée « Bibliothèque de recherche » se sont ouvertes au Rez-de-jardin de «Tolbiac». Si je tiens à évoquer cet épisode climatérique de l'histoire des bibliothèques modernes, c'est parce qu'il offre un exemple assurément révélateur de ce qui a cours

---

1. Catastrophe exemplaire à laquelle Jean-Marc Mandosio a donné son sens théorique dans *L'effondrement de la Très Grande Bibliothèque Nationale de France* (1999) et *Après l'effondrement* (2000) aux Éditions de l'Encyclopédie des Nuisances.

dans l'univers du savoir et du livre ; c'est parce qu'il donne toute la mesure de la catastrophe qui nous attend (ou qui, plus exactement, a déjà eu lieu, sans que nous en ayons encore pleinement senti les effets).

En octobre 1998, donc, après de longs et fébriles préparatifs, le « Rez-de-jardin » accueillit ses premiers lecteurs. Tout le personnel était sur le pied de guerre. On astiqua les parquets. On réajusta les morceaux de moquette déjà décollés. On étoffa les rayonnages jusqu'à la veille de l'ouverture, un peu à la hâte. On essaya tant bien que mal de camoufler les brèches laissées par la précipitation et l'amateurisme.

Les chercheurs s'engouffrèrent dans les profondeurs de l'édifice, empruntant d'interminables escalators, franchissant d'innombrables portes qui semblaient faites de plomb, passant des tourniquets capricieux et traversant des couloirs énormes, abrupts comme des pentes. Alors commença pour eux, et pour nous, une longue et pénible série de déconvenues et de tracas. La « bibliothèque d'un type entièrement nouveau » s'était voulue immense, majestueuse, transparente, et surtout hypermoderne : elle s'était dotée d'un « Système d'Information » total et totalisant, qui était censé tout régenter, tout résoudre et tout simplifier. Aucune action ne pouvait être effectuée, aucun service ne pouvait être rendu sans le moyen d'une application informatique. Chaque étape du « circuit » que devait parcourir un lecteur, entre le moment où il entrait à la bibliothèque et le moment où il pouvait s'immerger dans l'étude,

était soumise au contrôle des ordinateurs. Le « SI »,
comme il était d'usage de l'appeler, était une hydre
à mille têtes qui régnait despotiquement sur l'ensemble de nos activités, dans les bureaux ou dans les
salles de lecture. Bien avant le grand lever de rideau,
des équipes de « formateurs SI », recrutés parmi les
bibliothécaires de sang-froid, avaient passé de longs
mois à domestiquer la machine redoutable afin que,
le jour venu, ils fussent capables de nous venir en
aide, à nous qui étions chargés d'essuyer les plâtres
– dans l'hypothèse, évidemment fort improbable, où
les choses ne se seraient pas déroulées comme dans
un discours ministériel… Je pense pouvoir affirmer
que ces voltigeurs-informaticiens ont connu des
moments difficiles au cours de l'automne 1998.

Le Rez-de-jardin s'était livré un an trop tôt, pour
complaire aux politiciens. La Machine dérailla. Le
Système d'Information capota lamentablement. On
courut dans tous les sens, on paniqua, on s'agita,
on s'énerva, on désespéra, on grogna, on ironisa,
on ricana. Les chercheurs-cobayes subirent tous les
affronts. Les livres n'arrivaient pas, ou n'arrivaient
parfois que plusieurs heures après qu'ils avaient
été commandés. On entendait cent fois par jour :
« Le SI est encore *planté* ! » Quand il ne l'était pas,
il se montrait « instable » ou il « déconnait ». Les
plus spectaculaires « dysfonctionnements du SI »
durèrent des jours entiers. Les lecteurs anéantis par
l'expectation, à qui nous annoncions finalement, la
mort dans l'âme, que le chariot transportant leur

ouvrage, coincé quelque part au milieu d'une « gaine technique », ne parviendrait jamais à bon port, ou qu'il nous était interdit de leur communiquer « en manuel » le document qui les attendait à deux pas, dans un casier, finissaient par tomber dans le troisième dessous ; certains pleuraient, d'autres hurlaient de colère et de frustration, d'autres encore s'enfuyaient en promettant de ne jamais revenir ou en déclarant avec pathos : « C'est la Recherche qu'on assassine ! » et certains d'entre eux, en effet, ne revinrent jamais.

Pour nous aussi, les heures hebdomadaires passées dans les salles du « Rez » s'avéraient traumatisantes. Lorsque nous prenions l'ascenseur qui descendait au « niveau L1 », le plus profond, nous avions le sentiment de nous jeter dans une fosse aux lions, à ceci près que les lions étaient des hommes policés – et des robots. En ce qui me concerne, je connus des sueurs et des accablements mémorables, tel un comédien que l'on pousse sur une scène sans décor, pour jouer une pièce qu'il ne connaît pas, avec d'autres comédiens tout aussi perdus que lui – et cela, face au parterre des critiques parisiens les plus intransigeants.

Je ne peux passer aujourd'hui sous les clinquants beffrois de Tolbiac sans resonger à cet incroyable fiasco ; et je me revois, impuissant, les bras ballants, devant des écrans noirs, essayant de calmer la fureur d'une madame Trissotin ou d'un monsieur Vadius, tandis que les démineurs du « SI », fébriles, compulsaient gravement le « mode d'emploi du SI

dégradé » – et tentaient de relayer la machine là où la
défaillance de la machine n'avait pas été *sérieusement*
envisagée. Je dois dire que ces aberrantes journées
m'ont définitivement converti au scepticisme à l'égard
de la science informatique, et je ne suis certainement
pas le seul dans ce cas.

Un authentique malaise gagna l'ensemble du
personnel, qui dégénéra en une grève massive dont
les médias de l'époque se firent l'écho. *Libération*
titra l'une de ses pages : « Grève et bug informatique
à la BNF. Grande Bibliothèque : le grand ratage[2] ».
Le ratage, en effet, fut incontestablement ce que la
BNF eut de plus grand. Le président palmé ajusta
son écharpe rouge et, face aux caméras de télévision,
soutint avec un aplomb dérisoire que le nouveau
bâtiment n'était « pas foutu », loin de là. Après
quelques semaines de cabotage, il n'était donc pas
impensable que le fier paquebot du quai Mauriac allât
déjà par le fond, éventré par ses propres concepteurs
– terrible aveu d'un gigantesque fourvoiement.

Bien sûr, les choses s'améliorèrent au fil des mois
et des années. Les fuites principales furent colmatées
(j'entends les fuites du Système, car les fuites d'eau
réelles devinrent chroniques). L'épave fut presque
miraculeusement renflouée, et la Recherche put
reprendre son cours, cahin-caha, non sans grogne-
ments et sarcasmes de toutes parts. Les administrateurs de l'établissement se hâtèrent d'annoncer

2. Édition du 31 octobre 1998.

que les « problèmes » étaient résolus – comme si
le problème constitutif n'était pas l'idée même de
ce monstre quadricéphale, comme s'il ne résidait
pas dans la pierre angulaire sur laquelle grandit ce
Léviathan progressiste, et comme si le défaut premier – à jamais irréformable, quant à lui – n'était
pas l'insanité profonde et désastreuse de ce projet
grandiloquent, frappé au coin de la plus pure folie
géométrique.

La Très Grande Bibliothèque a volé en éclat le
jour même de son décollage ; elle s'est piteusement
affalée en tant que bloc d'orgueil et de foi naïve
dans le « tout-informatique », le jour même où son
architecture évasive et pompeuse a démontré la
pourriture de ses fondations idéologiques. Elle était
construite sur le vide insondable que l'on nomme
volontiers la « technologie nouvelle » – c'est-à-dire
tout le fatras des inventions sublimes qui ont fait
de nos vies des crépuscules automatisés. Comment
n'eût-elle pas échoué ? Comment n'eût-elle pas
sombré ? La seule décision raisonnable – beaucoup
le pensaient – eût été de la démolir entièrement et
de la reconstruire sur des bases plus saines. Somme
toute, elle n'était déjà plus qu'une ruine, et tout laisse
à penser qu'elle ne sera jamais plus qu'une ruine,
un pâle reliquat d'utopie malfaisante, un cadavre
cyclopéen. En son sein ne pourront se perpétuer
que l'agitation moderniste et l'infécondité culturelle
– l'une n'étant que la face cachée de l'autre. Je peux
l'affirmer parce que j'ai vu le fond de ses entrailles ;

je les ai *habitées* pendant de nombreuses années. Je les ai longuement interrogées, convaincu qu'elles signifiaient, qu'elles *disaient* quelque chose – et j'y ai vu le visage même de l'homme d'aujourd'hui. J'y ai pris pleinement la mesure de son aptitude infernale à balayer le passé, dans une sorte d'alacrité profanatrice sans précédent, pour bâtir présomptueusement, en lieu et place des temples anciens, la branlante ossature de son grand Meccano rouillé. J'ai vu ce qu'il advient de l'homme pris dans l'engrenage d'une organisation trop rationnelle, je l'ai vu plier et s'humilier sous le joug d'une technique infatuée, trop complexe, trop ambitieuse, *trop* de tous les points de vue. Et là où l'on asservit des hommes, là on n'a plus besoin des livres.

14

Troupes électrogènes

Tous les « grands défis » que prétendent relever aujourd'hui les bibliothèques sont bien sûr engendrés par la technique elle-même ; c'est elle qui dirige les opérations, et la seule liberté qu'elle tolère est celle de la soumission intégrale. Ainsi les Gens de culture deviennent-ils des forçats de la vérification, du contrôle qualité, de la maintenance informatique et de l'abattage documentaire. Il n'est pas inutile de visiter les coulisses de *l'Opus modernum* : la réalité qu'elles dissimulent, souvent, est bien plus triviale, humainement coûteuse et, à maints égards, plus décevante qu'on ne pourrait l'imaginer d'un point de vue extérieur.

Il est important de comprendre que le résultat qualitatif de ces œuvres n'est pas ce qui les justifie ; ce qui les justifie n'est rien d'autre que le désir d'épouser le mouvement rotatif, de monter dans la fusée du progrès, tous ensemble – car personne ne doit refuser de participer, à moins de rester cloué au sol et d'expirer dans les vapeurs de son inertie – ; ce qui rend ces corvées d'Hercule si nécessaires, c'est la volonté de se joindre au chœur mondial de la technique émancipatrice ; et par elles, par l'engouement collectif qu'elles suscitent auprès de la majorité, le message universel du progrès se transmet partout, des sommités parisiennes jusqu'à la bibliothèque populaire de Vouillé[1]. Embrigadés dans tous les corps de taupins et de portefaix qu'exige la « bibliothèque 2.0 » pour sortir de terre, ils n'ont plus d'autre choix que de devenir eux-mêmes les incendiaires de l'éternité.

À Tolbiac, je vis s'ébranler le grand chantier de la numérisation de masse. Mieux que les discours, les Travaux suscitent l'adhésion et la participation. Ils procurent à chacun l'occasion de prouver sa bonne volonté, ou de redorer un blason terni par des années de sclérose professionnelle. Des vocations de numérisateurs s'épanouirent à tous les étages. Tous les agents furent mobilisés pour la construction rapide de la « Cinquième tour » (c'est sous ce nom qu'on entendit parler, dans les premiers temps, de la collection purement virtuelle qui devait sortir de l'athanor dématérialisant – et l'on imagine assez bien qu'elle tutoyait le firmament dans l'esprit de ses inventeurs). Que font ces ouvriers de l'Impalpable, ces bâtisseurs de rêve ? Ils vérifient. Comment ? Rien

1. La plus petite bibliothèque de France (12 mètres carrés, 2 000 volumes), située près de Niort.

de plus héroïque ? Rien de plus électrisant ? Non. Ils vérifient l'état des documents, car les plus fragiles (malheureusement !) ne peuvent pas être numérisés ; ils vérifient les dates de publication, car les plus récents, protégés (malheureusement !) par le droit d'auteur, ne peuvent pas non plus être numérisés ; ils vérifient les illustrations, les formats, les reliures. Ils vérifient l'*ouvrabilité* et la *numérisabilité* des ouvrages. Ils ont le cœur bien accroché, ces mineurs cosmiques. Ils prélèvent ensuite les documents « numérisables », vérifient encore et les préparent pour l'expédition aux entreprises de numérisation. Ils empilent des milliers de caisses dans des fourgons sécurisés. Au retour de ces convois précieux, ils vérifient l'état du document (et découvrent parfois, et même assez souvent, qu'il revient abîmé, que des reliures fragiles ont été écrasées par des scanners inadaptés – mais qu'importent les vieux chiffons ?), puis ils le rangent à sa place, en magasin. Ils vérifient sur écran la qualité du document numérisé, page à page, à plein-temps (travail des plus ingrats, d'après ce qu'on m'a dit). Ils découvrent parfois, et même assez souvent, que la numérisation laisse à désirer, qu'il manque une page ici, qu'une autre page est tronquée là. En raison d'un choix inapproprié de la technique de numérisation, les images, sur de nombreux documents, sont fort mal rendues. Conséquence inévitable, parmi d'autres, de la brusquerie dans laquelle se déroule ce grand chantier. Enfin, les travailleurs incorporels préparent ces produits numériques à la consultation. Une fois qu'ils sont mis en ligne, ils les vérifient. Et les chefs

numérisateurs vérifient les vérifications. La Pyramide
est achevée. Elle attend son Bonaparte.

Du même pas furent engagés, dans quelques
grands établissements, des travaux non moins gran-
dioses. On décida de contenir la mer hypervivante et
hypermouvante du Réseau. On envoya des naviga-
teurs sur cette onde incommensurable pour tenter
de la circonscrire. Ils n'ont pas encore remis les
pieds sur la terre ferme, et l'on ignore s'ils pourront
y revenir un jour. Comment dire en quelques mots
leur geste édifiante ? Des efforts incroyables sont
fournis de part en part pour sélectionner les sites
internet dignes de figurer dans un corpus documentaire virtuel. Ils sont ainsi visités par milliers, puis
leur contenu est scrupuleusement analysé et évalué ;
après quoi ils sont classés en « signets » thématiques,
puis vérifiés couramment, afin que les informations
les concernant soient rafraîchies ou « actualisées ».
Travail de longue haleine, qui donne lieu, cela va
sans dire, à d'inépuisables réflexions sur la répartition
des tâches, les méthodes d'évaluation, les choix de
critères, les conditions de maintenance, les chartes
graphiques, les attentes du lecteur, et sur tout ce que
peut impliquer la volonté d'exercer un contrôle sur
cette étourdissante profusion.

Par la suite, la BNF organisa « l'Archivage du
web » – nouvelle corvée prodigieuse instiguée par nos
véloces mécaniques. Comment se déroule concrè-
tement cette hypostase numérique, cette Récolte
céleste ? Des millions de « pages web » sont d'abord

sélectionnées par un robot et stockées dans plusieurs salles des machines très vastes, très froides et très surveillées – des « entrepôts numériques ». Ensuite, un peloton d'humains se consacrent à la sélection et la vérification des sites qu'ils jugent mémorables. Ils vérifient – pour ne pas changer. Ils vérifient tous les jours, et découvrent parfois, assez souvent, que la qualité de la « capture » est insuffisante. Ils vérifient plus tard les sites qu'ils ont vérifiés, afin de procéder à d'éventuelles mises à jour. Ils enregistrent tout. Ils ne veulent rien perdre. Ils cherchent à emprisonner une réalité toujours fluctuante et sans cesse foisonnante. Ils tentent de « filtrer » une masse textuelle en expansion ultra-rapide et infinie. À la fin de l'année 2013, au cours de laquelle ont été sélectionnés quatre millions de sites, les « archives » totalisaient 21, 2 milliards de fichiers. Ce n'est qu'un début. (Il va de soi que l'existence de ces « photographies de l'internet » entraîne la nécessité de les « valoriser » : alors commence une nouvelle ronde infernale de projets qui donnent de la *valeur ajoutée* aux services des bibliothèques.)

La « dématérialisation » a revêtu d'autres aspects dont j'aimerais évoquer ici les plus significatifs. Commençons par les « services de réponse à distance ». Grande fierté des thaumaturges communicationnels. Miracle du Réseau. « Véritable outil de marketing documentaire », dit-on dans les cercles pyrotechniques. Regardons cela de plus près.

Chaque jour, des centaines de questions sont adressées aux bibliothécaires par l'intermédiaire de l'internet. Toutes les questions peuvent être posées, et toutes, elles doivent trouver une réponse, même les plus idiotes, même les plus paresseuses, même les plus épineuses. Distributeur automatique de pseudo-savoir. Machine à science rapide et inféconde. Parfois, la question est si laconique et si générale qu'elle n'en est pas une : « Hydrolyse » ou « Le droit privé ». Il faut répondre : « Pouvez-vous préciser ? » avec toutes les formules de politesse qui s'imposent. L'internaute sous pseudonyme veut savoir si la fellation peut provoquer une grossesse ou transmettre le virus du Sida. Il faut l'inviter courtoisement à consulter un médecin. Les fous veulent savoir si la longueur de leur sexe est normale, et reposent la question six fois, en ajoutant à chaque fois quelques centimètres. Les malins comptent faire travailler les bibliothécaires à leur place et proposent leur sujet de mémoire ou de dissertation, tel quel, sans rougir (on ne rougit pas derrière l'écran). Il faut répondre gentiment qu'on ne peut pas répondre, ou bien, quand même, chercher quelques références, pour ne pas abandonner le pauvre *bac* + *n* à son désarroi méthodologique. Le bibliothécaire n'est jamais cruel. Il ne ménage pas ses efforts pour pallier l'indolence générale qui empêche d'ouvrir une encyclopédie, un annuaire ou un journal : « Qui est le comte de Lautréamont ? », « Quand est mort Voltaire ? », « Quels sont les musées ouverts le dimanche à Paris ? », « Est-ce que les autruches ont des dents ? » Une insanité, une lubie, une farce vous occupent trois heures. Il faut répondre à « Qu'est-ce qu'il y connaît aux femmes, Rick Hunter ? » en citant des épisodes de la série. Il faut répondre à « Pourquoi les superhéros portent-ils des slips sur leur costume ? » en creusant la sociologie du déguisement. Il faut répondre à la « fille hongrois » qui demande : « Comment s'appelle le chien qui a joué dans le film dont le titre est *Astérix et Obélix* ? »[2] sans oublier la « genèse » du personnage canin dans l'œuvre d'Uderzo et Goscinny. Clins d'œil complices du bibliothécaire qui a cessé d'être un rabat-joie et qui tient à le démontrer.

Les requêtes plus sérieuses demandent plusieurs jours de réflexion et d'efforts. Elles passent de service en service, sont attribuées, refusées, réattribuées, renvoyées, refusées encore et traitées enfin ; puis il faut les relire et les archiver dans des « réservoirs » où toutes les réponses devront un jour *précéder* les questions. (Cette nouvelle boursouflure d'informations se prêtera merveilleusement à la statistique et au florilège). Un « coordinateur » encourage les troupes de « répondants » tous les jours de l'année, signalant les retards et rappelant les consignes *ad nauseam*. Dans les bureaux, on souffle, on grogne, on se lamente, on s'irrite, on bâcle parfois ; mais le désir est si grand de se sentir utile, de faire fonctionner sa moelle épinière et de « répondre à de vraies questions », qu'on se dit plutôt heureux de participer à ce gavage des oies numériques.

2. Toutes ces questions sont authentiques.

Ne pouvant résister à la tentation d'exploiter les moyens techniques, les cyber-pompiers de la BNF ont conçu tout récemment un service de réponse « en temps réel » : le « répondant » mène alors un « tchat » avec les *googlers* déchaînés de la Toile, incapables de différer de quelques minutes le moment où leurs questions fondamentales trouveront une réponse. « Est-ce que les autruches ont des dents ? » – « Cher internaute, notre équipe met tout en œuvre pour assouvir votre légitime curiosité dans les plus brefs délais ». Outre-Manche, on peut « réserver » un bibliothécaire pour bénéficier de son aide à la recherche. Et personne ne songerait même à exprimer la moindre objection contre cette tentative désespérée d'imiter les algorithmes. Robots contre robots...

Autres joies de la dématérialisation. Si les livres résistent encore un peu à la numérisation forcée, ce n'est pas le cas des périodiques, dont la lecture plus fragmentaire se prête davantage à la « mise en ligne » (du moins est-on censé le croire). Les deux conséquences les plus frappantes de ce phénomène sont une complication extrême de la gestion documentaire et une réduction de la liberté de choix des bibliothécaires.

D'une part, la mise à jour permanente des listes de périodiques auxquels la bibliothèque est abonnée s'avère souvent délicate et occasionne des problèmes techniques à foison. Complexité des licences d'éditeurs et des abonnements, mobilité des « URL », multiplicité des « adresses IP », défaillances des « serveurs proxys », lenteurs du réseau, référencements aléatoires et *tutti quanti*. Je sais deux ou trois « gestionnaires » que ce labeur a usés. D'autre part, les grands éditeurs, qui sont aussi les détenteurs de la puissance technique, tentent d'imposer le modèle du *e-only* (« tout électronique ») qui signifie généralement la suppression des versions papier à plus ou moins longue échéance. La marge de manœuvre des bibliothécaires, face à ces mastodontes, est assez faible ; et même organisés en différents « consortiums » pour faire valoir leurs intérêts, ils doivent souvent baisser pavillon devant la suprématie techno-financière. Les rudes et chaotiques négociations qu'ils engagent avec le monde éditorial – de longues heures, de longs jours, de longs mois – sont rarement fructueuses. Ils n'ont plus qu'à entériner la fin des périodiques de papier et accepter tant bien que mal les conditions commerciales qui leur sont faites. Les limitations budgétaires les incitent parfois à supprimer des titres pertinents pour pouvoir s'acquitter du montant des « bouquets » obligatoires proposés par les éditeurs. Ainsi la mise en œuvre d'une politique documentaire cohérente se trouve-t-elle directement entravée par le grand dispositif cybernétique. Plus la technique se perfectionne, plus les entités industrielles qui les mettent en œuvre sont grandes, influentes et tyranniques. Mais tout est en ligne : n'est-ce pas là ce qui nous importe ?

Devant ces mutations de l'offre éditoriale et l'accroissement documentaire engendré par le numérique dans les sciences, la nécessité s'est bien sûr imposée de mettre en œuvre une nouvelle politique nationale de l'« Information scientifique et technique ». Un bibliothécaire peut donc devenir un « acteur » de ces évolutions, s'il travaille dans une université, un laboratoire ou un organisme de recherche et si, par malheur, il est invité à mettre son « expertise » au service des projets en cours.

Aussi légère et aérienne qu'un sauroposéidon, la « Bibliothèque Scientifique Numérique » s'est donc ébranlée en 2010. Elle est constituée d'une « instance de pilotage » et de neuf « groupes de travail » (surnommés « BSN 1 », « BSN 2 », etc.) consacrés à différentes problématiques (urgentes, on l'aura deviné) : les « archives ouvertes », la « numérisation » ou encore l'« archivage pérenne ». En termes officiels, il faut écrire :

> « La première année de fonctionnement de la BSN (mars 2011 à mars 2012) est consacrée au travail des groupes, qui dressent chacun un état des lieux du segment IST qui les concerne : diagnostic, besoins, acteurs impliqués, synergies éventuelles, recommandations. En mars 2012 est publié le rapport stratégique 2012-2015. Constitué de recommandations retenues parmi les propositions faites par les groupes de travail BSN, ce document de référence couvre chaque segment de l'IST. Pour chacun, entre deux et quatre recommandations ont été sélectionnées et définissent le premier socle d'orientation des travaux. Au total, elles sont au nombre de trente, et encadrées par cinq

recommandations méthodologiques et générales, transverses à l'ensemble des aspects de l'IST[3]. »

Si l'on veut avoir une petite idée de la réalité que dissimule ce charabia décalcifié, il faut s'imaginer quelque chose comme une enflure babélique de mots, de sigles et de jargon présomptueux, enflure orale et écrite, tumeur de pseudo-rationalité qui s'accroît dans des proportions vertigineuses au cours de pesants rassemblements, qui répand son poison dans une infatuation de verbiage, et qui *informe* jusqu'à la confusion la plus totale, jusqu'à la folie. De *brainstormings* intenses sortent des comptes rendus et des synthèses imbuvables, qu'il faut réunir avec d'autres comptes rendus et d'autres synthèses pour produire d'énormes conclusions, « recommandations » et « contrats d'objectifs » – lesquels, bien évidemment, ne sont pas lus, ou sont lus par une poignée d'administrateurs futuristes pour alimenter de nouvelles prospectives et pour mettre en œuvre de nouveaux « comités de pilotage », en vue de nouveaux plans d'action globale. La caractéristique première de ces chantiers du néant est qu'ils entérinent le chaos des hyperstructures techniciennes ; ils se déroulent dans l'espace inaccessible et flou des conjectures unifiantes. Ils s'élèvent sur des bases conceptuelles aussi vaseuses qu'immodestes ; et le plus souvent,

3. Stéphanie Groudiev, « La bibliothèque scientifique numérique », *BBF*, v. 58, n° 1, 2013.

ils produisent de grandes inepties sous emballage de papier sulfurisé.

Je parle de « conjectures unifiantes » parce qu'il est évident que les projets modernes sont portés par un seul et même objectif de fond : remodeler le monde selon les principes mêmes du développement technique, c'est-à-dire l'*intégration*, la totalisation et l'autonomie. Il est aisé de voir que la numérisation, l'archivage du web, les services de réponse à distance ou la BSN, bien que différents dans leurs objectifs propres, convergent vers un dénominateur commun, qui est ce « portail » unique, *mutualisé*, ce système d'appariement de l'homme perdu et du Grand Réservoir d'informations, devenu impossible à maîtriser, à « classifier » et à hiérarchiser. Le « web sémantique », présenté comme *le* moyen de normaliser et de relier les données, ne pourra répondre indéfiniment à leur démultiplication anarchique. Tous les problèmes posés par la technique ne font nécessairement qu'une solution : la simultanéité. L'inflation et le désordre des possibles techniques ne peuvent être endigués que par une sur-machine anticipatrice et simplificatrice, étape ultime du Progrès rationnel. Toutes les procédures doivent disparaître et laisser la place à une gigantesque auto-procédure où la faiblesse de l'homme cesse d'être un obstacle – car il n'y a plus besoin de l'homme ; il n'y a plus besoin de décision. Toutes les pensées doivent s'engouffrer dans le canal unique du Superordi-

nateur bienveillant. Ainsi tout est résolu, et tout
est parfait. Uni merci[4].

Pour donner une forme plus concrète à cette
idée, je prendrai un autre exemple dans le monde
de l'« Information scientifique et technique ». De
l'explosion documentaire provoquée par l'informatique a naturellement découlé la création du
Centre informatique national de l'enseignement
supérieur (Cines), qui participe au groupe BSN 6 :
« Archivage pérenne ». Cinq salles des machines,
1 400 mètres carrés de processeurs alimentés par
un énorme groupe électrogène. Un supercalculateur
de niveau mondial. Vingt-six téraoctets de données
archivées et surveillées vingt-quatre heures sur
vingt-quatre, sept jours sur sept. Un monstre aux
mille diodes lumineuses qui ne dort jamais, un
conteneur phénoménal de l'avancée technique. Les
possibilités de l'innovation ont entraîné un effort
surhumain, un redoublement d'ingéniosité, qui
s'est ensuivi d'une prolifération des problèmes :
évolution des logiciels, fragilité du contenant (pour
ne citer que ceux-là), que seules peuvent résoudre
de nouvelles innovations, et ceci jusqu'à l'élaboration d'un système où les imperfections seraient
presque intégralement *corrigées*. Et comment guérir
les maux de l'obsolescence et du foisonnement

4. Comme disent les membres de la « Famille » déterminés
par le superordinateur central UniOrd, dans le roman d'Ira
Levin *Un bonheur insoutenable*.

typiquement techniques, sinon en atteignant un
niveau paroxystique de vitesse et d'unicité dans le
traitement du circuit homme-machine, informa-
tion-centrale, réel-virtuel ? On voit que LA solution
idéale ne peut résider que dans un système capable
de prolonger automatiquement le cerveau humain,
jusqu'à produire un double artificiel jamais distant,
jamais déconnecté, jamais à réunir.

Le Cines a d'abord récupéré un grand nombre
de documents informatiques créés avant son existence ; dorénavant, les fichiers lui sont aussitôt transférés, sous une forme que l'on tente de
normaliser dans la mesure du possible, tout en
élaborant des outils de recherche efficaces au sein
de ce *Big Data*. Le chemin se raccourcit entre la
conception et la mise à disposition de l'œuvre,
entre le moment où l'information est générée
et le moment où elle est transférée au public en
fonction de sa requête. Cet intervalle temporel, il
faudra le rétrécir encore. Demain, la conception
prendra immédiatement forme dans une des salles
des machines du Cines (ou ce qui sera devenu
un Grand Centre d'Information Universelle et
Immédiate). À peine conçu, le livre ou l'article
sera conservé et, sans doute, aussitôt mis en rela-
tion avec tous les cerveaux du monde en expecta-
tive de son contenu, etc. Le but, là encore, est la
conjonction parfaite de l'offre et de la demande,
de l'objet de savoir et du sujet pensant. Le but
est d'« accorder entre eux tous les paramètres
virtuellement appelés à s'entrecroiser en vue de

faire jaillir un événement[5] », de satisfaire *instantanément* tous les désirs de connaissance – jusqu'à ce
point culminant où il faudra briser l'étau mortel
de notre affligeante complétude.

5. Éric Sadin, *L'Humanité augmentée*, L'Échappée, 2012.

15

Notre effacement, version bêta

En 1894 parut dans la revue *Contes pour bibliophiles* un texte étonnant qui s'intitulait : « La fin des livres ». Son auteur, l'homme de lettres et bibliophile Octave Uzanne, y prédisait la reddition de l'imprimerie au bénéfice du phonographe. Il imaginait de mystérieux « inscripteurs légers comme des porte-plume en celluloïd (…) qui tiendront dans la poche ». De sa géniale élucubration, il émerge aujourd'hui ces deux pénétrantes sentences : « Je crois donc au succès de tout ce qui flattera et entretiendra la paresse et l'égoïsme de l'homme. » Et aussi : « Je me base sur cette constatation indéniable que l'homme de loisir repousse chaque jour davantage la fatigue et qu'il recherche avidement ce qu'il appelle le confortable, c'est-à-dire toutes les occasions de ménager autant que possible la dépense et le jeu de ses organes. » Uzanne n'était pas un moraliste ; il ne voyait là aucun sujet de déploration, et ce n'est pas sans un certain

humour potache qu'il divaguait sur la mutation
des bibliothèques en « phonographothèques »,
ainsi que sur l'apparition, « à tous les carrefours
des villes », d'« *automatic libraries* » où des « tuyaux
d'audition » dispenseraient la culture universelle
sous une forme sonore. Il nous suffit néanmoins,
aujourd'hui, de remplacer son phonographe par
notre ordinateur, et la vision soutient l'épreuve du
réel. Elle suppose intelligemment notre condition
paresseuse et *automatisée*. Elle pressent déjà le
mouvement moderne qui réduit tout effort et toute
distance entre le manque et la satisfaction, entre la
question et la réponse.

Sous ce rapport, la liseuse a déjà fait son temps.
À l'heure où j'écris ces lignes, les ventes de liseuses
s'affaissent, tandis que le marché des « tablettes »
s'affole. Effet d'un emballement techno-financier
perpétuel, la machine à lire appartient déjà au passé
de cette transition nécessaire entre le livre et le très
au-delà. Elle n'était qu'une transposition nostalgique
de l'imprimé, dont nous sommes pour ainsi dire déjà
guéris ; elle n'offrait pas l'« hyperconnectivité » des
tablettes, elle n'incluait pas l'indispensable, c'est-à-
dire le lien permanent avec la couche numérique de
l'univers. Elle n'assouvissait pas pleinement le besoin
du « confortable ». Muni de cet appareil hypocrite, le
consommateur liquéfié n'y trouvait pas son compte :
ne lui demandait-on pas de refaire cet *effort de lecture*
dont il était en droit de vouloir se libérer ? N'y avait-il
pas tromperie sur la marchandise ? La peine devait

disparaître avec l'innovation – sinon, à quoi bon ? Le texte – ce maudit résidu de contrainte et d'autorité – doit être évacué avec le livre : le texte n'est pas saisissable immédiatement, aisément et docilement ; il soumet de force son lecteur à la solitude et à l'intériorité. Le texte est fasciste.

Au-delà de la suspecte liseuse émerge donc désormais la tablette amusante et stimulante. Le livre y subsistera comme « un ouvrage à forte granularité, construit à partir de "briques" ou de "modules" entre lesquels le lecteur circule », car ce type d'ouvrage « se décline mieux sur un écran qu'un texte continu et profite des opportunités de navigation informatique ». C'est ce qu'on peut lire dans un *Rapport sur le livre numérique* publié en 2008[1]. Puisque le livre, puisque la littérature, la poésie et la philosophie s'adaptent si mal aux techniques nouvelles, puisqu'elles sont si rétives au progrès, une politique officielle, soutenue par un budget considérable, les fera se coucher au lit de Procuste de la machine. D'authentiques précurseurs seront largement subventionnés – des auteurs, bien entendu, libérés des canons totalitaires de la profondeur et de la linéarité – ; des romans iconoclastes, formatés pour les écrans, des hypertextes ludiques, agrémentés de sons, d'images et de *bonus*, seront amplement diffusés et accompagnés par une apologie exaltée, dans tous les médias, de l'écriture interactive et protéiforme

1. Bruno Patino, ministère de la Culture et de la Communication, 2008, www.culture.gouv.fr.

(« enrichie » ou « augmentée », disent-ils encore). Si l'Esprit ne veut pas s'abaisser au niveau du gadget, eh bien, gadgétisons l'Esprit – et comme l'Esprit n'est pas coercible, il mourra. Tant pis pour lui.

> « En définitive, on peut aisément imaginer un processus de dématérialisation rapide de l'écrit, qui adopterait les outils existants, en s'appuyant sur un téléphone, une console de jeux ou un outil nomade au gré des circonstances, et d'œuvres mêlant le texte à d'autres formes de contenus et à des interfaces[2]. »

Nous voici bien au-delà du livre, nous voici dans un autre monde – mais lequel ?

Le Monde des dieux. L'Olympe électronique. Nous entrons dans le *cloud*, dans l'espace interconnecté qui nous enveloppe et nous arrache à la pesanteur. Des étoiles dansent autour de nous. Des millions de points phosphorescents s'allument dans l'horizon. D'une chiquenaude, nous capturons des morceaux du ciel. Nous jonglons sans peine avec les ondes subtiles de cet univers bleu argenté. Nous sommes des dieux, des surfeurs titanesques, des corps astraux. Les dieux ne lisent pas. Ils ne passent pas le plus clair de leurs journées dans le froid silence d'une bibliothèque. Ils voguent sur les nébuleuses, ils sillonnent les airs et les mers, ils se transportent, légers comme la plume, aux confins des mondes inaccessibles. Ils

2. *Ibid.*

boivent l'hydromel, font l'amour ou la guerre au gré de leurs caprices et de leurs envies. Ils ne lisent pas, car ils sont hors du temps, *au-delà* du temps. Seuls les mortels ont besoin de lecture.

> « Il faut oublier internet car il va disparaître. Il va se fusionner dans l'environnement comme l'électricité, l'eau et le gaz pour devenir une sorte de service public mondial. On le voit déjà avec le développement du *cloud*. Quand nous aurons atteint ce que j'appelle le web symbiotique, on ne sera plus sur mais dans internet. C'est-à-dire dans un écosystème informationnel[3]. »

L'aruspice Joël de Rosnay sait de quoi il parle. Il est un familier de notre avenir. Il est trop en harmonie profonde avec l'avenir pour se tromper. Nos « tablettes de lecture », qui remplacent déjà, qui ont déjà remplacé les liseuses, et sur lesquelles se déploient des néo-textes hybrides, penchent du côté du « web symbiotique ». Elles apportent une contribution importante à l'instauration de l'assistanat technique universel. Le livre et son texte sentent encore trop la quête d'autonomie, sentent trop la culture. La tablette s'inscrit dans l'environnement ; elle est reliée au Système. Le livre éloigne. La page résiste à l'« informatique ambiante »,

3. Joël de Rosnay, « La Civilisation du numérique, promesses et défis pour l'Homme et l'entreprise », 2012, www.rencontres-numerique.fr.

au « web ubiquitaire » auquel elle ne parvient pas à
s'intégrer. Elle est pâle, inerte et limitée.

> « Nous la voyons comme une chose opaque, finie
> et non connectée à ce que nous postulons comme
> étant la totalité quasi transcendante de la banque
> de données. Le livre nous maintient dans l'impasse
> de nous-mêmes, tandis que l'écran est une écluse
> dans la strate collective, l'endroit où tous les faits
> sont connus, et toute la connaissance encodée[4]. »

À l'heure où le monde entier devient source de
« lecture » et d'information, où les dieux *s'incorporent*
la bibliothèque augmentée grâce à des capteurs
biométriques intégrés à leurs vêtements, greffés dans
leur chair ou dans leurs synapses, la page ancienne est
un détritus qu'on peut abandonner aux chimpanzés
savants. Le dieu numérique se gausse des liseurs
placides et de leurs lentes expectatives. Il ne croit
qu'en un livre qui saurait penser – penser à sa place,
bien entendu.

Dans l'« écosystème informationnel », nous
n'aurons plus besoin d'ouvrir un livre, ni même de
faire semblant de lire une page de Wikipédia ; car c'est
la connaissance elle-même, c'est le texte prémâché
qui viendra à nous. Tout viendra à nous. Tout sera
là, dans la Synthèse Ultime, et nous serons asservis
à la Machine dans une affreuse satiété permanente.

---

4. Sven Birkerts, *op. cit.*, trad. pers.

Sur le plan cognitif, la tablette est la *version bêta* de notre intégration parfaite à l'environnement. Elle est le préliminaire de la fusion du cerveau humain et du cerveau machinique. La liseuse était encore une sorte d'écho de la vie intérieure fossilisée. Demain, la machine répondra à tous nos désirs sur-le-champ, au moment même où nous les éprouverons, *avant même que nous les éprouvions* – car elle pourra sonder nos reins et lire dans nos pensées. Elle saura nous anticiper. Demain, toutes les techniques seront unifiées pour nous faire une belle chambre d'hôpital où nous serons placés en soins palliatifs éternels. Il ne peut pas en être autrement. Le perfectionnement irraisonné de la technique nous mène tout droit vers ce Bonheur comateux. « Les technologies les plus puissantes sont celles qui disparaissent. Elles se fondent dans le tissu de la vie de tous les jours jusqu'à ce qu'on ne puisse même plus les en distinguer[5] », affirmait Mark Weiser, le père de l'« informatique ubiquitaire », autrement dit un autre prophète compétent. Les livres et les bibliothèques survivront, mais dans le tissu de la vie, autour de nous et en nous, comme neurones invisibles de notre espace intelligent. C'est exactement ce que préfigurent les transformations les plus récentes de la lecture linéaire, à laquelle on veut absolument adjoindre la suggestion, l'« *affordance*[6] »,

5. Cité dans : Francis Pisani et Dominique Piotet, *Comment le web change le monde : l'alchimie des multitudes*, Pearson, 2008.
6. En informatique : « Capacité d'un système ou d'un produit à suggérer sa propre utilisation ».

la sérendipité, la réciprocité, la « connectivité », etc., et que l'on veut voir rapidement s'incliner devant « l'émergence d'une nouvelle culture » ou d'une nouvelle « écologie cognitive » baignée dans une soupe d'« échanges et d'interactions » entre lecteurs, auteurs et éditeurs, tout cela n'ayant plus aucune signification réelle, tout cela désignant une seule et même chose : le syncrétisme niveleur et déréalisant de la technique.

Non seulement les liseuses et autres pasticheurs du livre seront bientôt tous abandonnés, mais encore la lecture elle-même ne tardera pas à devenir parfaitement inutile à notre survie en tant que légumes domotisés. Pendant quelques années, certes, on lira encore des choses utiles ou amusantes sur des écrans kaléidoscopiques ; puis les choses utiles nous seront transfusées directement dans la moelle épinière et dans la mémoire, sans que nous perdions notre temps et notre énergie à lire, tandis que des simulateurs de troisième génération nous procureront le reste ; enfin, nous existerons par et pour la machine, et nous n'aurons définitivement plus aucune nécessité de trouver ce que nos ancêtres cherchaient dans les livres. Ces objets d'archéologie seront remplacés par des implants informationnels.

Face à un tel destin, il nous reste, nous les pisse-vinaigre, nous les pauvres d'esprits arc-boutés sur leurs idéaux élitistes, il nous reste à assumer pleinement notre angoisse et notre inappétence pour le Système qui achève son développement *contre nous* ; il nous reste à camper sur nos positions, à nous mettre sur le bas-côté de l'autoroute, et à ériger notre fétichisme livresque comme un rempart contre la folie, non pas tant, désormais, par nostalgie des livres, que par regret de l'homme lui-même.

16

Construire une arche

Le bibliothécaire était « gardien du savoir » ; il s'est changé en « médiateur » et s'apprête à devenir un *marshaller* des pistes immatérielles, un éclaireur des ténèbres internétiques ; et c'est à ce titre inepte qu'il s'accroche aujourd'hui, comme à une bouée de sauvetage sur les flots de la grande transition. Il veut croire à toutes les balivernes qui lui sont assénées lors des colloques et des « journées d'étude » où son avenir est échafaudé. Il a écouté religieusement les prêcheurs exaltés d'un récent congrès de l'IFLA[1], qui s'intitulait tout naturellement : « Bibliothèques du futur : des possibilités infinies ». Le 6 juin 2014, il a participé aux ateliers d'un désopilant « Bibcamp » organisé par l'ADBU[2] dans un lieu *sympa* et très équipé

---

1. International Federation of Library Associations and Institutions.
2. Association des directeurs de bibliothèques universitaires.

en multiprises (c'est vital) : « Le web sémantique a-t-il
un sens ? », « Le bibliothécaire comme data manager »,
ou encore « Les google glass vont-elles nous ouvrir
les yeux ? ». Le bibliothécaire débarque, en effet, mais
sur la lune asséchée de ses fantasmes électriques. Il
baye aux chimères. Il se voit en explorateur et en
colonisateur des fertiles A(nu)mériques. Il est déjà
sur l'embarcadère de *Biblionef 3000* – dernier-né des
mirages futuristes. Il aperçoit une issue au bout du
cul-de-sac. Il n'est pas encore fini. Il a encore une
chance de reconversion et de recyclage. Il aidera
l'usager à traverser l'entrelacs infiniment complexe
des flux électroniques et deviendra son *interface*. Il
deviendra le héros des jeux vidéo et des films de
science-fiction, un « magicien » et une cybercréature
armée « pour maîtriser les guérillas d'une vie ultra-
technicisée au sein de laquelle la survie nécessitera de
disposer de la bonne information au bon moment »,
comme le suggère l'impayable Lorenzo Soccavo[3].

C'est avec de tels leurres infantiles que les pontes
verbeux des bibliothèques modernes entraînent une
profession entière vers la fosse ; car il n'y a rien
derrière ce sommet numérique, il n'y a pas d'« avenir »
pour le bibliothécaire, il n'y a que des mots et des
baudruches technologiques. Aucune qualification
ne lui donnera le pouvoir, plus qu'à un autre, de
rétablir un filtre sélectif dans le chaos turbulent de
l'Infomonde – parce que l'Infomonde, nous le savons,

3. « La bibliothèque en 2042 », 6 avril 2012, ple-consulting.
blogspot.fr.

est d'essence labyrinthique : il ne peut pas, il ne veut pas être décrypté, ni organisé. Il est impénétrable, comme le vaste univers. Il n'est pas à la portée de l'homme.

L'avenir technicien, sauf réaction de grande ampleur, n'est pas impossible à prédire : il est la suite logique, la solution du présent. Toute « médiation » humaine deviendra bientôt parfaitement explétive, dans un monde où la Machine annulera toutes nos frustrations – où l'effort et le cheminement n'auront plus d'objet. Se déplacer vers un lieu précis pour y demander le service d'un être de chair et d'os n'aura plus aucun sens. Chercher, attendre, se perdre ou se fourvoyer n'auront plus le moindre intérêt. À qui et à quoi pourrait bien encore servir un bibliothécaire dans ce monde-là ? Son évolution actuelle n'est que le prodrome de son extinction ; mais il ne paraît pas s'en émouvoir. Il a bien quelques « inquiétudes légitimes », quelques doutes ; mais il n'est pas secoué par la révolte. Et alors ? demande-t-il en clignant de l'œil. Le gaz numérique détend et fait dormir un peu. Une vieille enluminure sur un écran, et tout est rose.

Le bibliothécaire des pays riches avance comme un somnambule vers sa propre éviction. Rien ne le sort de sa torpeur. Rien n'endigue sa déchéance. Il y a peu, une amusante vidéo réalisée dans le cadre d'un projet culturel espagnol a beaucoup circulé dans les bibliothèques : on y voyait un homme présenter le *book* comme une invention nouvelle, une « révolution technologique ». Il vantait – à juste titre – l'ingéniosité et la simplicité du livre de papier, avec le vocabulaire soyeux qu'utilisent habituellement les vendeurs de logiciels et de systèmes d'exploitation[4]. On s'en amusa un temps, non sans une sorte d'autocensure imperceptible et, aussi, un peu de condescendance. De même, quelques exemplaires d'un tonitruant *Journal des réfractaires à l'ordre numérique*, publié par le « Collectif Livres de papier », passèrent de main en main, timidement, comme des feuilles d'automne glissent vers le pavé froid. Bien que ce tract évoquât des sujets pour nous très actuels et très sensibles, il fut généralement accueilli avec dédain et incrédulité – pas seulement à cause de son style péremptoire.

En principe, le bibliothécaire répugne à ces combats « d'arrière-garde ». Il roule avec la Vague et se demande bien ce qu'attendent ces grognons, sur la rive, qui discutent et tardent à le rejoindre. Ce n'est pas, ce n'est plus dans ses rangs qu'on recrutera les plus farouches sectateurs du livre. Le bibliothécaire dort dans sa chrysalide. Il œuvre à sa mue séculaire. Laissez-le en paix. Laissez-le voguer vers les merveilleux nuages qui passent là-bas... là-bas...

Aujourd'hui, le livre est défendu par des *fidèles de lecture* de tous horizons. Ils fomentent des bibliothèques personnelles. Ils dissimulent des livres sous leurs oreillers, dans leurs bagages, ou même

4. Le discours du présentateur est inspiré d'un texte humoristique de R. J. Heathorn publié en 1962.

dans leur mémoire. Ils abandonnent ceux qu'ils aiment sur les bancs publics, dans les gares ou sur les tables de café, espérant qu'ils voyageront à travers le monde en quête d'autres yeux, d'autres âmes. Ils construisent, à Toronto, Los Angeles, Londres, Accra ou Berlin, de minuscules bibliothèques à même la rue, ou dans un jardin. Des troncs d'arbres, des cabines, des panneaux et des bicoques joyeusement décorés contiennent des livres qui sont mis à la disposition de tous, gratuitement, et chacun peut y déposer d'autres livres. Ils imaginent ainsi – suprême anachronisme – de nouveaux « coffres à livres » pour le seul plaisir de la lecture et du partage, à l'heure où l'oligarchie numérisante condamne les bibliothèques à la caducité ; et quand bien même ces lubies *vintage*, sympathiquement contestataires, ne seraient que des bricolages festifs et petits-bourgeois, pendants d'une déshérence avancée des institutions, et qui seront vite broyés par le Grand Compresseur numérique, il est difficile de mépriser cet amour bénévole du vieux livre.

Tout comme il est beau, soudain, de voir les enfants pauvres de Manille, Tananarive ou Varsovie découvrir la joie universelle de la lecture grâce aux « bibliothèques de rue » fondées par des organisations humanitaires, ou bien ceux de Cajamarca, dans les Andes, écarquiller les yeux dans leur nécessiteuse « bibliothèque rurale ». Tout comme il est terriblement émouvant d'assister à la mobilisation des habitants du quartier de Brent, à Londres, pour empêcher la fermeture de la bibliothèque Kensal Rise, ouverte il y a plus d'un siècle par Mark Twain. On ne peut qu'admirer leur ténacité, et l'acharnement qu'ils ont montré, après que la bibliothèque a été fermée à la fin de l'année 2012, pour la faire survivre malgré tout, occupant les abords du lieu et y organisant le prêt de leurs propres ouvrages. Que dire des bibliothécaires, coursiers, imams et simples citoyens de Tombouctou qui ont sauvé, au péril de leur vie, rivalisant d'ingéniosité, les manuscrits centenaires de leur bibliothèque à la barbe des islamistes ?

Ces hommes et ces femmes sont l'honneur de leur pays. Ces rebelles du papier, ces sentinelles de l'Écrit et de l'Imaginaire sont les vrais apôtres du livre, et les seules incarnations de la culture vivante. À côté d'eux, nous faisons pâle figure ; nous sommes des petits gestionnaires, des petits marchands et des petits esclaves de nos scories techniques. Que n'imitons-nous ces lecteurs fervents et irréductibles du nord de Londres ! Que ne suivons-nous l'exemple des nobles passeurs de l'Afrique ! Que ne retrouvons-nous ce regard tendre et respectueux des enfants déshérités de Madagascar ou des menuisiers savants du Wisconsin ! Que ne crions-nous notre indignation devant le sort que l'on réserve à nos bibliothèques ! Et si nous redevenions nous aussi des porteurs de flambeaux ? Si nous bâtissions notre dernière bibliothèque pour les humbles, les fous et les poètes ? Si nous élevions, contre l'hydre de fer, un sanctuaire du Livre et de la lecture ?

Le numérique est un déluge, un déluge de flammes conceptuelles. Une éruption d'intégrisme technique.

Une vague scélérate engendrée par les réacteurs
géants de la Puissance immodérée. Il nous appartient
de sauver ce qui peut encore être sauvé. Que nous
reste-t-il ? Que pouvons-nous faire ? Fabriquer des
pièces d'échecs avec de la mie de pain. Concevoir une
folie plus grande encore que celle de nos oppresseurs.
Construire une arche. Une grande arche de cuir,
d'argile, d'os et de bois, un navire à sept étages
avec d'immenses voiles de papier, dans lequel nous
embarquerons tous les livres qui doivent réchapper
de la triste ondée technicienne, toutes les œuvres que
nous aimons, parce qu'elles sont notre sang, notre
chair, notre histoire et le miroir de nos espérances.
Nous la nommerons l'Arche de Ptolémée, en souvenir
du grand roi d'Égypte qui fonda la sublime et
malheureuse bibliothèque d'Alexandrie.

Le temps nous est compté. Bientôt, le grand feu
du progrès sans conscience éparpillera les cendres
noires de nos livres de papier. À chaque homme
revient la tâche d'élire et d'emporter avec lui ceux
qu'il veut arracher à la perdition totale ; ceux dont
il ne peut se séparer, les livres nécessaires, les livres
nourriciers, les livres phares, les livres destins, les
livres pères, les livres mères, les livres amis. Ils seront
ainsi transmis par nos soins aux générations futures
– ils traverseront les âges. Ils grandiront dans les
sols fertiles de l'avenir. Après le Grand Désastre,
nos enfants les retrouveront, les protégeront et les
conserveront. Puis ils les classeront par un ordre
simple et les rangeront sur les branches d'un arbre-
bibliothèque immense et invulnérable. Nous serons

là, nous aussi, sur ces branches, au cœur de ces pages qu'ils caresseront comme de précieuses reliques. Nous serons là, et nous prendrons part au colloque éternel, plus vivants et plus réels que nous ne le fûmes jamais dans nos fabriques de l'amnésie.

ÉPILOGUE

Témoignage à l'aurore

Je m'efface. Je *suis effacé*, comme un palimpseste entre les mains de ceux qui écrivent le présent et qui ne pensent rien devoir conserver de ce qui les a précédés. Les grattoirs numériques purgent le passé de toutes ses éminences ; l'âme des livres ne peut pas traverser l'Écran total – c'est pourquoi nous sommes déjà prêts à les oublier et à les recouvrir de nos divins barbouillages. Ces « lieux » ineptes que l'on s'obstine à nommer nos « bibliothèques », où ne cesse de grandir le pouvoir des techniciens culturels et des colporteurs d'innovations, ces lieux me repoussent, me rejettent, me bannissent. Je n'ai plus rien à y faire ; je n'y suis plus à ma place. Toute ma vie durant, mes pas m'ont guidé vers le livre, ce « petit appareil magique » ; et si j'avais montré plus de cohérence avec mon propre penchant, si j'avais assez tôt pris la mesure de son caractère intempestif, j'aurais fui à toutes jambes ces administrations de l'ingratitude. Comment pourrais-je y trouver jamais le désir et la joie ? Comment pourrais-je m'y sentir investi d'un devoir ou d'une *mission* ?

Je n'ai pas le cœur à m'engager dans la Révolution numérique, aux côtés des gentils lieutenants de la brigade pétroleuse. Chaque jour, je suis moins présent, moins volontaire. Les nouveaux « chantiers » se succèdent sous mes yeux impavides. Le bla-bla des meneurs de projets, responsables et coordinateurs m'est devenu parfaitement inaudible et rebutant. Ils parlent, mais je ne les entends plus. L'obscurité de leurs discours n'a d'égale que leur extrême vacuité. Je regarde par la fenêtre. La vraie vie – le *vivant* – est ailleurs.

Derrière le petit paravent de son *portable*, le cyber-pompier en chef me toise avec condescendance ; ses yeux froids ne reflètent rien, sinon l'avidité polymorphe et la haine incommensurable de l'Esprit. De son bureau transparent, il planifie mon obsolescence. Il organise mon départ anticipé. Il règle mon cas en quelques mots, dans un rapport d'évaluation. Mon sort est scellé. J'aurai toute ma place dans le ghetto pour types dépassés dont il a tracé les contours idéologiques. J'y retrouverai mes compagnons : ceux qui freinent le mouvement, les empêcheurs de numériser en rond, les inadaptés, les mécréants. J'y retrouverai sûrement les radoteurs, les bricoleurs et les squatters. Et sans doute, aussi, quelques dinosaures, néo-luddites compassés, élitistes grincheux et mélancoliques – autant d'irrécupérables passéistes, autant d'esprits à courte vue qui « n'ont rien compris aux évolutions de la société ». Pauvres diables, qui n'avancent pas assez vite, et ne savent pas exploiter les potentialités infinies de la Technique moderne ! Ils vivent dans un espace mental rigide et clos. Leur *configuration* n'est plus compatible avec le monde d'aujourd'hui. À la casse. Oui, c'est ainsi qu'ils nous balaient d'un revers de manche, avec leur abject sourire et leur immonde assurance de culminer sur l'Himalaya de l'histoire.

Je m'éloigne sans regret ; car je sais que les miens m'attendent quelque part, au-delà de la rivière. Je ne veux plus être un de ces oiseux « médiateurs », ni une de ces « interfaces », ni un de ces « spécialistes de l'information stratégique », ni même un de ces « bibliothécaires de demain » qui ne veulent jamais être d'aujourd'hui, car aujourd'hui est toujours un demain qui tarde trop à *s'harmoniser avec les nouvelles pratiques*. Je suis un lecteur d'hier et de toujours – je suis cela ; et je suis une âme contemplative qui voyage volontiers hors du temps, qui sait par les livres qu'un royaume demeure à l'écart du temps. À quoi pourrais-je me rendre utile en ces hauts-fourneaux de la prospective hystérique ?

Les bibliothèques publiques descendent vers l'abîme, rapidement, sans un mot. Elles qui recueillaient tous les mots, par lesquelles sont venus toutes les révoltes, tous les rêves. Elles qui m'ont appris tous les mots, toutes les révoltes et tous les rêves.

Elles qui m'ont éduqué. Elles qui m'ont façonné.
Elles qui m'ont libéré.

> « Le livre, hostile au maître, est à ton avantage.
> Le livre a toujours pris fait et cause pour toi.
> Une bibliothèque est un acte de foi
> Des générations ténébreuses encore
> Qui rendent dans la nuit témoignage à l'aurore[1]. »

L'année dernière, je suis retourné à la petite bibliothèque de province où je m'étais abreuvé durant toute mon adolescence (à vrai dire, quelques étagères avaient largement suffi). Je n'y avais pas remis les pieds depuis plus de vingt ans. Je fus d'abord surpris de la retrouver à peu près telle que je l'avais quittée. La responsable des lieux était toujours en poste, à peine changée elle non plus. Elle prétendit aimablement me reconnaître, et apprenant que j'étais devenu bibliothécaire, elle me fit faire un rapide tour des lieux. Rien n'avait changé, mais tout avait changé. Elle me révéla qu'il n'y avait plus autant de lecteurs qu'à l'époque où je fréquentais l'établissement, que les jeunes, tout particulièrement, ne venaient plus du tout, sinon pour les postes informatiques – car il y avait dorénavant plusieurs ordinateurs en accès libre. Je me souvins alors du fichier manuel en bois vernis, de ses longs tiroirs que j'avais fouillés si souvent, et du grand « cahier de suggestions » qui était posé dessus.

---

1. Victor Hugo : « À qui la faute ? », *L'Année terrible*, VIII, 1872.

Tout cela ne servait plus à personne, m'expliqua ma consœur. C'était un monde sans l'informatique, bien sûr, mais surtout, c'était un autre environnement culturel, une autre atmosphère vitale. Je sentis dans le ton de sa voix un mélange d'impuissance et de dépit, bien qu'elle montrât toujours la même énergie positive que je lui avais connue.

Quant à moi, une angoisse étrange me saisit à la vue de ces espaces presque désaffectés, plongés dans la demi-pénombre des lieux qui ne vivent plus, qui ne rayonnent plus ; et j'eus le sentiment déplaisant d'assister à une fermeture de ban amère et prématurée. La bibliothécaire m'avoua qu'elle devait rivaliser d'imagination pour « faire venir le public » : elle organisait des lectures, des conférences, des expositions, etc. Les livres, depuis longtemps, n'intéressaient plus grand monde. Dans mon for intérieur, j'imaginais en tremblant ce que deviendrait ce petit havre de lecture après son départ, entre les mains d'une jeune et fringante adepte du *web collaboratif* et du *e-learning*...

Où aller, chère consœur ? Où nous réfugier ? Dans nos propres « librairies », isolées du reste du monde ? En ces heures de confusion et de sauvagerie, ne seront-elles pas les abris les plus sûrs ? Des abris, oui, mais pas seulement. Des sources vives, aussi. Des centres de gravité.

Il m'arrive de me tenir devant ma bibliothèque personnelle, assis ou debout, et de la parcourir longtemps des yeux, comme un vitrail qui ne cesse

jamais de révéler sa beauté et sa signification. J'aime
à croire qu'elle est un temple édifié par ma quête et
mon errance, un endroit secret, connu de moi seul,
une cave profonde aux murs recouverts de chants et
d'axiomes, un musée de mes rencontres, parsemé de
grandes statues vivantes qui se parlent, et dont les
voix dissemblables se fondent pourtant en un concert
harmonieux. J'aime à croire qu'elle est un rébus et
qu'elle épelle chaque syllabe de ma vie intérieure ;
et que toutes ces syllabes mises bout à bout, reliées
entre elles par une impalpable texture de sens, font
le récit de ma quête.

Ma bibliothèque me connaît mieux que quiconque ; elle voit au plus profond de moi, dans mes
abîmes et dans mes propres mystères. Lorsque je
médite ainsi, en présence de mes livres, je ne suis
plus seul ; je ne suis plus dispersé ; je ne suis plus
désemparé. Je vois les sillons de mon âme et les liens
discrets qui relient tous les instants de ma vie spirituelle. Elle contient toutes mes « recettes de vie »,
toutes mes défaites et toutes mes victoires. Elle sait
où je vais, où je dois aller. Il me suffira de plonger
ma main, au hasard, dans un de ces volumes, pour
que se manifeste l'« ange des bibliothèques », le génie
des coïncidences nécessaires qui me conduira vers
un autre volume, et de loin en loin, de page en page,
vers l'irruption d'une vérité nouvelle. Je sais que les
livres de papier sont tous des objets de bibliomancie
et des portes vers l'invisible.

Tous ces liquidateurs modernes, ils ne veulent plus
connaître leur Moi invisible. Ils n'ont plus besoin de

parler aux anges. Tous leurs « livres numériques », tous leurs plats écrans sont muets ; toute leur camelote infernale est incapable d'ouvrir la voie vers les mondes irrationnels d'où jaillit la substance des civilisations. Il n'y a pas de culture des ordinateurs. Il n'y a pas de civilisation numérique.

Je vois le dernier livre, tout près de moi, dans la poche du gardien. Il m'appelle. Je le prends dans mes mains, comme un joyau fragile. Là, entre ces paupières imprimées, repose l'œil du Monde. Manuel d'échecs, traité cabalistique ou dictionnaire, qu'importe, s'il m'enlève une seule minute au désert. Il me faut le cacher dans mon pantalon, sans plus attendre, à l'insu des barbares, et l'emmener dans ma cellule. Il me faut apprendre ses lignes par cœur, une à une, et transporter leur feu au-delà de moi-même. Le livre et moi, nous ne faisons plus qu'un ; nous ne sommes plus qu'un seul regard tourné vers l'aurore. Nous ne sommes plus qu'un seul amour de la transmission.

Je ne crois pas à la fin de cet amour.

Table des matières

Ce volume,
publié aux Éditions Les Belles Lettres
a été achevé d'imprimer
en avril 2015
par La Manufacture imprimeur
52205 Langres Cedex

N° d'éditeur : 8093
N° d'imprimeur : 150356
Dépôt légal : mai 2015
Imprimé en France